KB124889

소년소녀, 기획하라!

소년소녀, 기획하라!

초판 1쇄 펴낸날   2022년 4월 12일
초판 2쇄 펴낸날   2023년 5월 23일

지은이   권성민 김신아 이건욱 이지숙 조규준 최경희 홍경아
그린이   정정혜(봉지)
펴낸이   홍지연

편집   홍소연 고영완 이태화 전희선 조어진 서경민
디자인   권수아 박태연 박해연
마케팅   강점원 최은 신종연 김신애
경영지원   정상희 곽해림

펴낸곳   (주)우리학교
출판등록   제313-2009-26호(2009년 1월 5일)
주소   04029 서울시 마포구 동교로12안길 8
전화   02-6012-6094
팩스   02-6012-6092
홈페이지   www.woorischool.co.kr
이메일   woorischool@naver.com

만든 사람들
책임편집   이선희
디자인&아트디렉팅   정은경
본문 디자인   박태연, 한향림

소년소녀, 기획하라!

창의 지수 만렙을 위한 기획자들의 대모험

권성민

김신아

이건욱

이지숙

조규준

최경희

홍경아

우리 함께 새롭고 멋진 일, 꾸며 볼까요?

청소년 여러분, '기획하다'라는 말을 많이 들어 보셨죠? 국어사전에서는 이 단어를 "일을 꾀하여 계획하다"라고 풀이합니다.

『소년소녀, 기획하라!』에서 여러분은 새롭고 특별한 일을 꾀하는 사람들의 이야기를 만날 수 있어요. 특별한 이 일들의 도모에서 공통점이 있다면, '보는 것'에 관련된 계획을 하는 기획자들이 존재한다는 점이지요.

모든 감각 중에 가장 빠르게 인지하는 감각이 '보는 것'입니다. '보다'의 오랜 의미를 한자에서 찾아보면, 눈으로 보는 것뿐 아니라 생각해 보고 살펴보고 변별해 보고 터득해 볼 때도 쓰인다는 것을 알 수 있어요. 서양 언어의 어원인 라틴어 비데레(videre, 보다)와 비데오르(videor, 목격하다)는 '~처럼 보이다, ~인 것 같다'라는 뜻을 담아, 역시 보는 것과 동시에 생각하고자 하는 의미를 담고 있지요.

본다는 것은 생각을 만들고, 생각은 논리와 검증이 필요하니, 가장 빠른 감각이 가장 강력한 판단을 만드는 중요한 의지를 포함

하고 있다는 뜻이기도 해요.

여기 7명의 전시 기획자, 방송 기획자, 영화 기획자, 공연 기획자, 문화교류 기획자, 웹콘텐츠 기획자는 공간과 시간을 엮어 현재 사람들의 삶과 관련 있는 '보이는 일'을 현장에서 고민하고 계획하고 있어요.

먼저 '기억의 구슬 꿰매기'에서는 아름다운 기록으로서의 전시 기획에 관해 이야기해요. '어쩌다 방송사 피디가 되었을까?'에서는 사람들을 설득할 수 있는 이야기를 고민하는 피디의 일과 삶에 대해, '세상의 문을 열고 소통하는 일'에서는 사람과 사람을 잇는 박물관 기획자의 삶을 들여다보지요. '머나먼 탐험을 떠나는 항해도'에서는 최근 한국 대중음악과 더불어 전 세계적으로 관심받는 스펙터클한 한국영화 기획의 세계를 만날 수 있어요. 또한 '세상을 향해 춤추고 노래하라'에서는 춤과 공연의 놀라운 세상을, '새로운 의미를 발견하는 사람, 기획자'에서는 새롭게 부상 중인 문화교류 기획 분야를 엿볼 수 있답니다. 점차 우리의 일상에서 중요해지는 웹콘텐츠, 플랫폼 기획을 알고 싶다면 '인터넷 우주에서 기획의 세계로'도 청소년 여러분에게 무척 흥미진진할 거예요.

우리가 일상에서 만나는 어떤 이미지, 어떤 작품, 어떤 영상과 콘텐츠는 보고 듣는 무수한 것들 사이에서 우리에게 특별한 감정과 생각을 만들어 줍니다. 우리는 무언가로부터 몰랐던 것을 알고 새롭게 해석하면서 이전에 없던 경험에 도전하게 되고, 새로운 세계로 나가지요.

기획이라는 일은 개인의 일에서부터 학교, 회사, 사회, 국가의 일까지 광범위합니다. 이 책에 등장하는 기획자들 역시 다루는 매체와 대상이 매우 다양할 수밖에 없지요. 그 고민의 결과물이 어떤 사람들에게 어떻게 닿을지에 대한 계획도 다르고요.

『소년소녀, 기획하라!』에서는 기획은 이런 것이다, 규정 짓기보다는 갖가지 기획에 관한 이야기와 고민으로부터 시작해 미래의 젊은 기획자들의 상상과 세계가 넓어지기를 기대하며 지금 현장에서 일하는 우리의 이야기를 펼쳤습니다. 7명의 기획자가 꾸려

소년소녀, 기획하라!

온 생각과 목표 그리고 상상과 가치관은 '기획이란'과 '나만의 기획 법칙'에서도 확인할 수 있답니다. 기획자 각자가 오랜 경험 속에서 길어 낸 나만의 소중한 기획 법칙을 압축적으로 담았어요. 아울러 '나를 사로잡은 기획'에서는 이들 기획자의 마음을 매료시킨 멋진 기획 프로젝트들을 소개하고 있답니다.

소년소녀 여러분, 이제 우리 멋진 프로젝트 같이 기획해 볼까요?

2022년 봄
저자들을 대표하여 홍경아

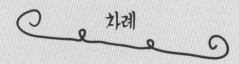

차례

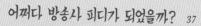

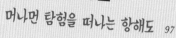

소년소녀
기획 프로젝트
1

기억의 구슬 꿰매기

+

전시 기획

: 홍경아 :

'전시로 세상을 바꾸진 못해도 천천히 사람의 마음을 풍요롭게 한다'라는 믿음으로 전시 기획을 한다. 미술학 박사학위를 받았고 지금은 숙명여자대학교 박물관·미술관 학예팀장으로 있다. 서울시·북경시 예술가 교류전의 예술감독으로 활동했으며, '올해의 젊은 큐레이터상'과 '박물관·미술관 업무추진 유공상'을 받았다. 한국·미국·중국·남아공·카자흐스탄 등에서 열린 150여 건의 전시를 기획했으며, 박물관 경영·전시와 교육에 관해 연구한다.

기획이란_
"삶의 다채로운 구슬을 엮는 일"

여러 빛깔의 구슬은 그 자체로 예쁘다. 구슬을 하나씩 꿰어 팔찌를 만들기도 하고, 목걸이를 만들기도 하고 구슬 드레스를 만들기도 한다. 하나만 보아도 가치 있는 예술품들을 이야기로 엮어서 "염원을 담은 팔찌", "추억을 떠올리는 목걸이", "새 삶을 축복하는 드레스" 등 다양한 주제를 담아 알알이 구슬을 기억하게 만드는 일이 바로 기획이라고 생각한다. 하나의 구슬로도 아름답지만 하나씩 모은 무수한 구슬에 사연이 더해지면 아름다운 기록이 된다.

기억의 구슬 꿰매기

마당에 묻은 추억

지금은 도시에서 사라진 땅강아지 벌레가 있던 시절의 일이다. 학교에 다녀오면 동생과 나는 늘 마당에서 해 질 때까지 시간을 보냈다. 쭈그리고 앉아서 개미집도 보고, 땅강아지가 잔디 사이를 기어가는 것도 쳐다보곤 했다.

어느 날 우리는 마당 한 귀퉁이 땅강아지 집 근처에 '토큰'이라 불리던 동전을 묻었다. 먼 훗날 후손들이 우리가 땅강아지에게 선물로 준 토큰을 발굴한다면 어떤 생각을 할까, 즐거운 상상을 하면서. 당시 처음 등장한 토큰은 버스 탈 때 내던 것인데, 십 원짜리 동전보다 작고 엽전처럼 가운데 구멍이 뚫려 있어 신기해 보였다. 사람들은 토큰을 큰 줄이나 열쇠고리 같은 데 줄줄이 꿰어서 가지고 다녔는데, 그 모습이 마치 조선시대의 동전인 상평통보 꾸러미를 보는 듯했기 때문이다.

다람쥐가 도토리를 숨기고 기억을 못해 상수리나무 숲을 이루게 된다는 말처럼, 그 시절 우리는 어디에 무엇을 묻었는지도 모를 것을 참 많이도 묻었다. 오직 마당의 벌레들과 우리만의 비밀이고 추억이라 생각하면서. 지금 그 마당 있던 우리 집 동네는 아파트 단지가 되었고, 땅강아지들은 흔적도 없이 사라졌다. 토큰과 우리가 묻어둔 그 무수한 물건들은 어떻게 되었을까?

그때 다람쥐처럼 여기저기 물건을 묻어 두곤 하던 나는 지금 박물관에서 일하고 있다. 어려서 보물처럼 여기던 물건들보다 훨씬 오래된 것들이 박물관에는 정말 많다. 선사시대에 누군가가 만든 토기도 보관되어 있고, 조선시대의 어느 어머니가 지은 옷도 고스란히 귀하게 보관하고 있는 곳이 박물관이다. 어렸을 때 우리 집 마당에 비밀과 추억을 묻어 놓았다면, 지금의 나는 박물관에서 옛사람들의 비밀과 추억을 꺼내 보는 일을 하고 있다.

박물관에 찾아오는 이들은 다양하지만, 학생들이 가장 많다. 이처럼 박물관은 오래된 유물과 젊은이가 공존하는 공간이다. 내가 전시 기획을 하면서 무엇보다 기대하는 일 역시 전시를 매개로

유물 촬영 준비 과정

갖가지 상상을 하는 학생들을 만나는 일이다. 박물관에서 일하며 전시 기획을 한다는 건 어떤 과정일까?

기억을 담아 두는 보물상자

좋아하는 책 중에 『모네의 정원에서』라는 외국 동화가 있다. 어린 리네아가 옆집 할아버지와 함께 화가 클로드 모네가 살던 정원이 아름다운 집을 찾아가는 이야기다. 리네아는 파리로의 여행 계획을 짜고, 전철을 탄 후 모네의 정원에 도착한다. 정원의 예쁜 꽃들을 사진에 담아 보고 모네의 후손인 관리인 아저씨와 대화도 나눈다. 표지 그림에 담긴 꽃을 보니 모네의 〈수련〉이란 작품이 저절로 떠오른다. 화가 모네가 나이가 들어 눈이 잘 안 보이게 되면서 정원의 연못과 꽃들은 형태가 사라지고 연보랏빛으로 표현되었기 때문이다. 집에 돌아온 리네아는 상자에 여행에서 모아온 것들을 소중하게 보관

『모네의 정원에서』(미래사) 책 표지

한다. 그리고 벽에 여행을 기억할 중요한 몇 가지를 붙여 둔다. 사진, 전철표, 입장권, 네 잎 클로버를.

우리도 비슷한 경험을 많이 한다. 어디에 갔는지, 누구와 갔는지에 따라 여행은 매번 다른 의미가 있다. 이때 리네아처럼 우리도 계획을 세우고 사진을 찍고 기념이 될 만한 것을 모아 온다. 소중하게 보관하고 누군가에게 자랑한다. 기념품을 보물상자에 보관하고 그중 몇 가지를 방 어딘가에 붙여 둔다.

리네아가 한 모든 일이 어쩌면 나의 박물관 일과 비슷하다고 생각한다. 박물관은 기록하고 연구하는 곳이다. 수장고에는 수만 점의 작품이 보관되어 있다. 모네의 정원에서 사진을 찍고 관리인 아저씨와 대화를 나누는 것처럼, 박물관에서는 연구와 기록을 한다.

다양한 모습의 나무 불상은 무슨 말을 전하고 싶은 것일까?

연구하는 방법이 좀 더 체계적이고 학문적이라는 차이는 있겠지만.

박물관에서 나는 주로 전시 만드는 일을 담당한다. 스스로를 위한 추억의 게시판을 만드는 일보다는 더 많은 사람에게 보여 주기 위한 일이라는 점에서 다르고 좀 더 전문적이지만, 리네아나 나나 물건에 담긴 소중한 의미를 좋아한다는 점에서 공통점이 있다.

소중한 가치와 의미를 전하는 일

어떤 물건의 아름다움과 가치를 알게 된다는 것은 알면 알수록 흥미진진한 일이다. 사람들은 살아가면서 누구나 간절하게 바라는 것이 있다. 개인적인 소망뿐 아니라 가족과 사회, 더 나아가 온 인류를 위해서 기원하는 여러 의식도 있다. 사람의 가치와 믿음을 표현하는 의례와 의식은 모든 시대, 모든 사회의 삶 속에서 행해지는데, 우리는 여러 통로를 통해서 그 의미를 찾으려고 한다.

수년 전 나는 동아시아 사람들의 이러한 공통적인 마음을 증거하는 물건들을 모아서 전시하게 되었다. 거기서 여러 나라의 불상이 한 코너에 소개되었는데, 라오스의 작은 불상이 특별히 마음에 와닿았다. 라오스에서는 집에서 기도 드릴 때 쓰는 불상을 자기 스스로 조각한다. 서툴고 소박한 나무 인형 같은 불상의 표정과 어설픈 형상에서 그 불상을 조각한 라오스 사람의 모습을 함께 보는 듯했다. 또 온화한 표정으로 걸어가는 모습의 나무 불상도 있었는데, 그것은 '걷는 수행'을 의미한다고 한다. 일상에서 일어나는 모든 일이 곧 깨달음이고 수행이라는 뜻을 담고 있는 것이다. 세계적인 작가가 남긴 훌륭한 예술작품뿐 아니라, 역사와 문화, 사람 사는 이야기가 담긴 오랜 물건에서도 깊은 여운이 생긴다는 것을 말해 주는 전시였다.

그렇다. 가슴 설레게 멋진 작품 중 무엇을 어떻게 누구에게 보여 줄까 좀 더 깊게 고민하는 일이 바로 기획이다. 박물관에서 내가 하는 이 '기획'이라는 일은 물건에 담긴 소중한 가치를 다른 사람들에게도 전해 주는 일이라고 생각한다. 그 자체가 문화나 예술의 재발견일 수도 있다. 하지만 무엇보다 우리가 살아가는 일상의 재발견이 되고 풍요로운 삶을 만드는 데 도움이 되기를 희망하는 것이 우리 기획자의 꿈이다.

내 안에 있는 괴물, 내 안에 있는 꽃

전시 기획을 하는 기획자들은 자신이 관심 있는 연구로 기획 주제를 정하기도 하지만, 숙제를 받듯이 박물관에서 정한 주제를 받은 다음 고민하기도 한다. 예쁘고 사랑스러운 것을 좋아하는 후배 기획자가 있었다. 어느 날 그에게 '여름 납량특집 전시' 콘셉트로 괴물을 다루자는 전시 주제가 주어졌다. 파울 클레의 〈천사〉 드로잉을 연구하던 후배에게 괴물이란 주제는 선뜻 내키지 않을 수밖에 없었다. 오랜만에 만난 자리에서 우리는 괴물 전시를 어떻게 만들어 가면 좋을지 이야기를 나눴다. 이렇게 계절이나 시대, 특별한 기념일 또는 관심을 끌어낼 만한 특정한 주제를 정하고 그것을 어떻게 채워 갈지 생각을 만들고 조율하는 일이 기획회의다.

'괴물(monster)'이라는 말은 라틴어 '보여주다(monstrare)'와 '경고하다(monere)'에서 비롯되었다. 어원이 뜻하는 바와 같이, 19세기 이전까지만 해도 괴물은 나쁜 행위를 한 사람을 경고하는 의미로 사용되었다. 괴물은 자연적으로 탄생한 무시무시한 생명체가 아니라, 누군가에게 가르침을 주기 위해 사람들이 만들어 낸 이미지였던 것이다. 인간 상상력의 탄생과 함께 괴물은 각자의 상상에 다른 사람의 상상이 더해져서 다양하게 창조되었을 것이다. 이렇게 떠올린 착상으로 기획자는 하나의 주제어에서 출발해 어원을 찾고, 시대별로 어떤 괴물이 존재했는지 자료를 수집하고, 수집된 자료에서 핵심적인 이야기를 새롭게 구성한다.

그럼 괴물 전시는 어떻게 꾸려졌을까? 다양한 시대의 예술가가 만들어 낸 온갖 종류의 무서운 괴물을 모아 미술관을 채웠을까? 아니다. 당시 기획자는 현대인의 마음을 들여다보고 읽어 본다는 의미로, '내 안에 있는 괴물'이라는 새로운 해석과 접근법에 착안했다. 그래서 전시장을 찾은 사람들이 전시에서 만난 무서운 괴물을 현재의 세상과 결합해 들여다보다가, 전시 마무리쯤엔 스스로 자기 안에 있거나 자신이 기억하는 괴물을 하나씩 찾는 흐름의 전시가 되었다. '괴물'이라는 주제로 작품과 자신 사이에 공감할 수 있는 요소를 찾아가도록 의도하고 구성한 것이다.

　　최근에 열린 꽃을 주제로 한 한국과 중국 여성화가 교류 전시도 빼놓을 수 없다. 괴물이란 주제와 달리, 꽃은 오래전부터 아름다운 여성에 비유되는 이야기가 많다. 여성과 꽃, 다소 재미없고 관심이 생기지도 않을 전시가 될 것만 같았다. 이 전시감독을 내가 맡았다. 다른 방식의 시선이 필요했다. 이번 기회에 꽃으로 대표되는 세상의 모든 생명에 대해 이야기하고 싶었다. 생명은 늘 완성되지 못한 상태로 움츠리고 나아가고 또 움트고 피우기를 거듭한다. 꽃이 핀 자리만 남은 초겨울의 수목은 고요하지만, 줄기 아래 땅속에는 다음 생을 준비하는 분주한 움직임이 있다. 아마도 활짝 핀 꽃 천지 때와는 아주 다른 소리를 내고 있을지도 모른다. 움트는 소리, 봄을 준비하는 소리! 그래서 전시 제목을 '꽃, 함축의 시간'이라고 지었다. 무언가를 피워 내기 위한 노력이 담긴 시간과 과정을 보여 주고자 고심한 것이다.

　　우선 꽃을 피우기 위한 시간을 전시로 만들기 위해 세 가지 작은 주제로 이야기를 엮기로 했다. '꽃 장엄: 공감', '꽃으로부터의 미래 담론: 가치해석', '지속과 실현 가능성으로서의 꽃: 두 도시의 역사성 그리고 장소성', 이렇게 세 단계로 작품들을 이어나가게 했다. 아름답고 화려한 꽃 그림을 상상하고 온 관람객에게는 다소 당황스러운 내용이었을까? 그러나 작은 주제에서 '공감'과 '가치'를 느껴 보고 한국과 중국의 작가들이 두 나라의 문화를 지속적으로 이어갈 미래를 찾아보자는 내용으로 작품을 해석하게 하는 생각을 담고 싶었다.

꽃은 다음 생명을 이어가기 위한 것이다. 『중용』 23장에는 「곡능유성(曲能有誠)」이란 글이 있는데 '오직 지극히 정성을 다하는 사람만이 나와 세상을 변화시킬 수 있다'라는 뜻이다. 세상의 변화를 위해서 관계를 맺어 가는 모습을 전시에 담아내는 것으로 '꽃, 함축의 시간' 기획이 완성되었다. 청소년 여러분이 꽃을 주제로 기획한다면 어떤 주제를 어떻게 담고 싶을까? 한번 자신만의 주제를 고민해 보길 바란다.

전시를 만드는 일에는 이처럼 준비와 계획을 하는 일 외에도 작품을 설치하고 글을 쓰고 전시 도록을 만드는 등 다양한 일이 순서대로, 때로는 동시다발적으로 진행된다. 그중에서도 가장 중요한 것은 관람객이 어떠한 작품들을 통해 전시를 기억하고 자신의 삶과 연관을 지을지, 이 이야기를 엮어나가는 좋은 방법을 생각해야 한다는 점이다. 기획의 큰 줄기가 생명을 만드는 시간이라면, 작은 주제들은 꽃과 잎의 역할로 보는 이로 하여금 풍성한 나무를 느끼게 만드는 일이다.

다양한 삶을 새롭게 해석할 수 있는 경험

　어느 해 여름, 찌는 듯한 더위에 모두 숨을 헐떡이던 때였다. 한국과 남아프리카공화국 수교를 기념하는 박물관 전시에 참여하게 됐다. 최근에는 한국과 다른 나라를 연결하고 서로에 대한 이해를 넓혀 가는 국가 간 문화교류 사업이 많다. 그중 하나인 박물관 교류 전시에 참여한 것이다. 어떤 주제로 무엇을 전시하면 지구 반대편 사람들이 즐길 수 있을까 여러 날을 고민했다. 약간의 정보를 통해서 전시 일정 중에 여성의 날이 있다는 걸 알았다. 지형적, 문화적으로 각기 다른 나라의 삶이지만, 가정의 중심이자 육아를 담당하는 여성에 대한 공통 주제를 찾아 전시하기로 마음먹었다. 전시 주제는 '문화는 연결되어 있다 — 한국과 남아공의 여성문화'로, 한국과 남아프리카공화국 여성의 전통적인 모습을 비교하는 전시였다. 전시 내용으로는 한국 여성의 전통적인 삶을 보여 주는 방과 옷, 물건, 문양 등 과거 우리나라 여성에 관한 이야기로 꾸몄다. 이런 전시를 만들어 갈 때는 전시 공간도 분석해야 한다. 너무 많은 전시품이 꽉 차는 것도 좋지 않고, 너무 적어 텅 비게 해서도 안 된다. 설명은 또 어떻게 할지, 설명을 붙이는 위치와 분량을 정해서 글도 써야 한다.

　한국과 남아프리카공화국의 여성이 주제이니 당연히 두 나라 전시품에 대한 협의를 남아프리카공화국 박물관 큐레이터와도 해

남아프리카공화국의 국립디트송문화역사박물관. 여성의 삶을 주제로 한 전시 준비 과정

야 한다. 그런데 지금처럼 실시간으로 전 세계가 화상회의도 하고 메일도 주고받는 시대에도 그 일이 쉽지 않은 곳이 있었다. 메일을 보냈는데 답신이 오지 않거나 전시 현장에 관한 정확한 정보가 오지 않을 때는 정말 난감하다. 그래서 우리는 현장을 준비할 직원 한 사람을 미리 파견했다. 상황에 따라 준비해야 하는 설치 작업이 있는데, 먼저 도착한 직원이 남아프리카공화국 박물관 큐레이터와 협의하여 전시 내용을 맞추기로 한 것이다.

남아프리카공화국은 정말 지구 반대편에 위치한 나라다. 우리는 비행기로 20시간 넘게 전시품과 함께 날아갔다. 봄 햇살이 가득한 남아프리카의 하늘은 청명한 파랑으로 아름다웠다. 전시장은 웅장한 프리토리아의 국립역사문화박물관으로, 예전에 중범죄를 저지른 죄인을 가뒀던 시설이라 한다. 그래선지 전시 준비 내내 춥고 음산한 기운이 스멀거려서 으스스했다.

이제부터 정신과 몸의 순발력이 필요한 시간이다. 두 나라 여성의 물건을 어떤 공통 주제로 엮을지 의논하다가 공통분모를 찾은 것이 색깔이었다. 나라마다 즐겨 찾는 색깔이 있다. 오래전부터 우리나라는 흰옷을 즐겨 입었고 격식과 예의를 따르는 전통이 있었다. 다른 나라 역시 좋아하는 색이 있다. 기념해야 하는 기쁜 날에는 각자 어떤 옷을 입었을까? 우리나라에서는 결혼식이나 큰 예식에 활옷이나 원삼을 입었다. 왕비가 입었던 적의라는 예복도 있다. 활옷은 빨간색 비단에 화려한 꽃과 나비 등을 수놓았고, 치마는 청색과 홍색 두 개를 겹쳐서 입었다. 적의는 파랑 비단에 빨강 꿩이 직조되어 있고 여밈과 소매와 아랫단에는 빨강 띠에 봉황새가 금박으로 새겨져 있다.

남아프리카공화국 국기에는 자연을 뜻하는 녹색을 중심으로 위아래 빨간색과 파란색이 있다. 빨강은 피, 파랑은 하늘과 바다를 의미한다고 한다. 우리나라 예복 옆에 남아프리카공화국의 전통 결혼식 예복이 나란히 전시될 예정인데, 남아공의 예복은 빨강 치마에

파란색 조합으로 우리나라의 적의나 활옷과는 다른 듯 같은 느낌을 주고 있었다. 우리나라 예복에서도 볼 수 있는 강렬한 대비의 색깔이다. 혹시 활옷을 입을 때 왜 파랑, 빨강 치마를 겹쳐서 입는지 알고 있을까? 우리나라의 전통에서 이 두 색은 하늘과 땅, 음과 양을 의미한다. 결혼식이야말로 하늘과 땅이 만나는 큰 예식이다.

이제 손 빠르게 두 나라의 복식과 장식, 모자 등을 디스플레이해야 한다. 잘 맞는 디스플레이는 어색하거나 어느 한쪽이 기울거나 부족해 보이지 않는다. 전시품이 서로 존중하듯이 각각이 주목받아야 하며, 또한 전체가 조화롭게 만들어져야 좋은 전시가 될수 있다. 조명도 노란색 전구로 바꿔 두 나라의 만남이 따뜻한 느낌을 주도록 의도했다.

마침내 전시를 여는 날, 정말 많은 관람객이 왔다. 그중엔 남아프리카공화국의 박물관에서 일하는 큐레이터들도 많았다. 남아프리카공화국에 한국의 전통 유물이 전시된 일은 처음이라고 했다. 사람들은 처음 보는 한국 전시에 신기해했다. 그러면서도 그 안에서 다름과 함께 공통점에 대해서 말했다. 모양도 의미도 다르지만 즐거운 축일을 상징하는 느낌은 너무나도 닮았다는 것이다. 사람은 다양한 역사와 문화 속에서 살지만, 미소 짓고 즐거워하고 함께 기뻐하는 마음과 표현은 어디서든 통하고 공감을 얻는다.

박물관에 있는 수많은 유물은 사람이 만들고 사용한 물건이

수장고에 보관된 작품들이 전시장으로 나오기까지

며, 사람의 역사와 이야기가 담겨 있다. 모두 사용하던 사람들의 애정이 담긴 물건이고 미술품이다. 그러니 사람들이 살아가는 얘기는 동서고금을 막론한다. 내가 살아가는 현재를 돌아보고 애정을 가지며 다른 사람의 삶을 존중하는 마음이야말로 매번 새로운 기획의 주제와 바탕이 된다.

남아프리카공화국 전시 행사에서는 모두 꽃을 대신해 작은 복주머니를 하나씩 옷에 달았다. 한국의 오방색(청홍황백흑) 주머니에 건강과 사랑과 기쁨을 담았다는 것을 표현한 것이다. 전시에 참여한 사람들은 관람하면서 서로 다른 두 나라의 문화와 환경에 주목하기도 하고, 그 안에서 공통적으로 느껴지는 삶의 모습을 볼 수 있었다.

우리는 세상의 일을 다양한 방식으로 경험한다. 전시는 우리의 공간으로 다양한 문화, 생각, 해석을 들여와 경험하는 일이다. 전시 기획자는 삶과 관련한 모든 일을 염두에 두며 기획을 고민한다. 일상 속에서 체험하는 역사와 문화예술의 공간인 박물관은 우리의 삶을 풍요롭게 하며 사람과 세계가 연결되는 경험의 장소이다. 새로운 것을 조합하고 구성하는 기획이라는 일의 묘미를 청소년 여러분도 언젠가 발견하고 즐길 수 있기를 바란다.

나만의 기획 법칙

1. 현실을 파악한다. (육하원칙에 따라서)

전시는 시각을 중심으로 모든 감각을 동원하게 한다. 현실 가능한 전시 기획을 위해서는 장소가 어디인지, 대상은 누구인지, 무엇을 어떻게 보여 줄지, 전시를 만들 자본과 인력은 어떻게 확보할 수 있는지 살펴야 한다.

2. 세상일에 관심을 가진다. (외로운 전시는 노!)

예술과 문화는 역사와 사회와의 연관 속에서 만들어졌다. 현실을 말하거나 시대를 앞서가거나 과거를 추억하더라도 현재 상황과 항상 연관 지어 생각해야 한다.

3. 핵심 스토리를 엮는다. (드래곤 볼 다섯 개를 모으듯이)

하나의 명작은 작가와 작품을 기억하게 한다. 그리고 명작을 이야기

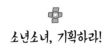

소년소녀, 기획하라!

로 잘 엮어 놓으면 작품뿐 아니라 그 공간과 시간을 함께한 사람에 대한 느낌까지 기억하게 한다. 〈드래곤 볼〉의 손오공이 흩어져 있던 여의주를 모아야 큰 뜻을 이루듯이, 작품을 연결하는 일은 전시를 완성하기 위한 전략이다.

4. 감성적 포인트를 만든다. (다섯 개 드래곤 볼에 눈동자를 그리듯이)

시각적·청각적·공감각적 포인트를 만든다. 전시의 도입은 전체를 기대하게 만드는 유도 포인트다. 조명과 전시 보조물을 활용한 이미지 포인트, 주인공이 될 만한 주요 작품의 위치, 몸과 마음의 휴식 포인트를 구성하라. 또한 전시의 전체적인 내용을 기억하게 할 좋은 마무리 포인트를 잡아야 한다.

5. 좋은 사람들과 함께 일한다. (혼자보다는 여럿이!)

전시는 좋은 기획력으로만 완성되는 것이 아니다. 매번 새로운 전시를 위해서는 각기 다른 여러 분야에서 사람들의 생각과 노력이 모여야 한다. 한 사람의 리더나 하나의 아이디어보다는 협업이 필수다! '사공이 많으면 배가 산으로 간다'라는 옛말이 있다. 그런데 좀 황당하지만, 또 다른 의미에서 배가 산으로 갈 방법이 있다면 그것도 시도해 볼 만큼 전시는 창의력을 요구하는 일이다. 기획한 일을 멋지게 구현할 팀워크가 정말 중요하다!

소년소녀, 기획하라!

구글 아트 앤 컬처 총괄디렉터
아미트 수드와 아트 플랫폼

오래전 한 구글 기획자가 출연한 '편향을 극복하고 문화의 폭을 넓히자'라는 내용의 TED 강연을 보고 번개가 스치는 듯 감동한 적이 있다. 2011년에 강연한 그 기획자가 바로 그로부터 몇 년 후 구글 아트 앤 컬처(Google Arts and Culture) 총괄디렉터가 된 아미트 수드(Amit Sood)다.

'누구도 소외되지 않는 평등한 문화공유'와 '기획자의 큰 그림'이라는 주제에 관심이 있는 사람은 〈TED Amit Sood〉를 검색해 보라. 멀리 보고 넓게 펼쳐지는 역사적인 문화 기획 한 편이 어떻게 시작되는지!

그의 생각은 구글 아트 앤 컬처 사이트로, 즉 전 세계의 역사와 문화 그리고 예술을 한 페이지에서 관람할 수 있는 온라인 전시 플랫폼으로 만들어졌다. 컴퓨터가 있는 곳이라면 누구든 세계 곳곳의 박물관을 관람할 수 있게 하고 싶었던 그의 꿈이 아트 플랫폼으로 구현된 것이다.

구글 아트 앤 컬처에 들어가면 여러 가지 프로젝트가 있다. 2016년 '문화를 입다(We Wear Culture)' 프로젝트에는 내가 일하는 숙명여자대학

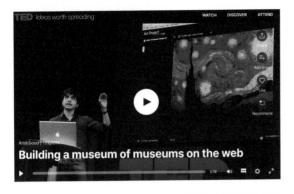

아미트 수드의 TED 강연

교 박물관 전시도 참여했다. 2018년에는 한국의 역사문화기관 9곳과 구글의 협업으로 완성된 '코리안 헤리티지(Korean Heritage)' 프로젝트가 만들어졌다. 고대 왕국 신라의 역사와 조선·대한제국의 왕실문화에서부터 전통 민속과 주요 무형문화재까지 총망라한 온라인 전시로, 역사적으로 중요한 가치를 지닌 3만 점 이상의 한국 미술품과 유물을 지금도 감상할 수 있다.

특히 아트 카메라(Art Camera) 초고해상도 이미지, 스트리트 뷰(Street View), 엑스퍼디션(Expeditions), 360° 영상 등 첨단기술을 통해 한국 박물관·문화기관에 보존된 미술품과 주요 유적지를 온라인으로 누구나 경험할 수 있도록 했다. 한국의 다채로운 역사와 고유한 문화를 새로운 방식으로 전 세계와 공유하는 것이다.

박물관 전시는 실물을 직접 보고 느끼는 것이 가장 좋겠지만 이동이 불편한 사람들과 여행 여건이 좋지 않은 사람들을 위해서, 또한 매일 다양한 예술 정보를 접하려는 사람들을 위해서도 위와 같은 기획은 꼭 필요한 변화다.

〈TED Amit Sood〉 강연과 구글 아트 앤 컬처를 연이어 경험해 보면 기획자의 꿈이 어떻게 현실이 되는지 그 과정도 확인할 수 있을 것이다.

⤵ 문화를 입다(We Wear Culture)
https://artsandculture.google.com/project/fashion

⤵ 코리안 헤리티지(Korean Heritage)
https://artsandculture.google.com/project/korean-heritage

소년소녀
기획 프로젝트
2

어쩌다 방송사 피디가
되었을까?

+

방송 기획

: 권성민 :

신문방송학과에 입학한 후 생활비와 등록금을 벌기 위해 공부와 일을 병행했
다. 2012년 MBC에 입사해 예능 PD로 일했으며, 8년의 MBC 생활을 마치고
현재는 카카오TV에서 콘텐츠 만드는 일을 하고 있다. MBC 예능 〈가시나들〉,
〈두니아~처음 만난 세계〉, 카카오TV 〈톡이나 할까?〉를 연출했고, 『서울에 내
방 하나』『살아갑니다』 등의 책을 썼다.

기획이란_
"설득이다"

이야기꾼이라면 누구나 마음속에 하고 싶은 이야기를 품고 산다. 사람들에게 꼭 전하고 싶은 메시지일 수도 있고, 스스로 생각하기에 정말 재밌는 스토리일 수도 있다. 그 이야기꾼이 작가라면 바로 노트북을 열고 키보드를 두드리면 되고, 만화가라면 당장 태블릿에 전자펜슬을 들면 된다. 그런데 나 같은 방송 PD에겐 대규모의 예산과 장비, 스태프가 필요하다. 그래서 그 비용을 지원할 회사를 설득해야 한다. 이 이야기가 왜 재미있고 왜 방송으로 만들어져야 하는지, 돈을 주면 어떻게 쓸 건지, "무엇을, 왜, 어떻게"를 설명해야 한다. 그러면서 제일 먼저는 스스로를, 그다음은 회사를, 마지막으로는 시청자를 설득해야 한다. 그것이 기획이다.

어쩌다 방송사 피디가 되었을까?

**오래 마음에 둔 PD의 기획, MBC 예능 프로그램 〈가시나들〉
—"무엇"을 먼저 정하고, "어떻게"를 나중에**

어릴 적부터 나는 이야기 만드는 것을 좋아하는 아이였다. 제일 먼저는 초등학교 시절부터 그린 만화였다. 단순히 그림만 그리는 것이 아니라, 인물과 스토리를 만들어 노트 수십 권 분량의 만화를 연재했다. 쉬는 시간마다 친구들이 그 만화를 보고 싶다고 찾아와서 나중엔 옆 반, 옆옆 반까지 넘어가 있는 내 만화 노트를 회수하는 게 일이었다. 중학교에 진학하면서는 소설을 썼고, 고등학교 때는 연극과 뮤지컬을 만들었다. 대학에 입학하면서 영상에

소년소녀, 기획하라!

도 손을 대기 시작했다. 이야기를 담을 수 있다면 그 매체가 무엇이든 좋았다. 방송사 PD가 된 것은 내게는 아주 자연스러운 과정이었다.

특히 나는 아주 많이 다른 두 존재 사이의 우정 이야기를 좋아했다. 그 다름은 나이나, 성격, 혹은 몸집 크기일 수도 있다. 영화 〈시네마 천국〉은 나이가 까마득히 차이 나는 노인과 소년의 우정을 다룬 명작이다. 디즈니 애니메이션 〈주먹왕 랄프〉에서도 몸집 차이가 어마어마하게 나는 두 주인공이 마지막엔 둘도 없는 친구가 된다. 이렇게 노인과 소년이라든지, 커다란 동물과 작은 아이의 우정을 다룬 작품들은 늘 내 마음을 움직였다. 나도 이런 이야기를 만들고 싶다고 항상 생각했다.

〈가시나들〉은 내가 MBC에서 처음으로 혼자 기획·연출한 예능 프로그램이다. 여성인권이 엉망이던 옛날에는 딸이 태어나면 학교도 제대로 보내지 않았다. 그래서 평생 한글을 배우지 못한 할머니들이 많다. 이분들에게 한글을 가르치고 의무교육 졸업장을 발급해 드리는 성인 문해학교가 프로그램의 무대다. 배우 문소리 씨가 선생님으로, 아이돌 연예인들이 할머니들의 짝꿍으로, 그리고 가수 육중완 씨가 궂은일을 도맡는 청년회장 역할을 맡았다. 파일럿 4회로 짧게 끝난 방송이었지만 시청자의 많은 사랑을 받았고 아직 찾아보는 사람들이 이어지고 있다. 이런 이야기를 만들어야겠다고 마음속으로 정한 건 아주 오래전이었다.

내 이름을 건 방송을 연출해야 할 때가 다가왔을 때였다. 잘 아는 영화감독이 〈칠곡 가시나들〉이란 다큐멘터리 영화의 개봉을 앞두고 있다는 소식을 들었다. 경북 칠곡의 문해학교 할머니들을 다루는 작품이라고 했다. 소재만 들었는데도 그림이 그려졌다. 몇 년 전부터 인터넷에는 할머니들이 늘그막에 한글을 배워 쓴 시들이 자주 돌아다녔다. 수십 년 세월 동안 쌓인 경험과 이야기는 하늘 같은데, 이제 막 배운 서툰 한글로 시에 담은 표현은 형언하기 어려운 매력이 있었다. 이 삐뚤빼뚤 글씨 속에 담긴 이야기들이 영화로 옮겨진다면 분명 아름다울 거야. 영화는 아직 개봉 전이었지만 감독에게 전화를 걸었다. "저도 그 아이템 하고 싶었어요!"

좋은 소재를 찾았는데 다른 작품과 겹친다면, 아예 공식적으로 이야기를 나눠 연작으로 제작하면 깔끔할 것 같았다. 다큐멘터리 영화는 한 편 한 편을 아주 긴 호흡으로 만들지만, 상대적으로 TV 프로그램은 준비할 시간이 길지 않다. 문해학교를 다루는 예능 프로그램을 제작하되 〈칠곡 가시나들〉의 연작으로 기획해, 감독님이 문해학교를 오랫동안 조사하고 쌓아 온 경험과 자료의 도움을 받기로 했다. 실질적인 제작은 MBC에서 하되, 계약과 홍보는 〈칠곡 가시나들〉의 제작사를 통해 진행하는 방식으로 기획에 들어갔다.

✚

소년소녀, 기획하라!

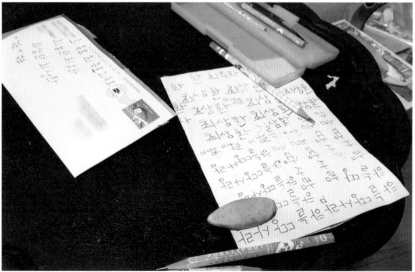

늘그막에 한글을 처음 배우기 시작한 우리 할머니들의 이야기, 〈가시나들〉 제작 현장

"어떻게"의 과정이 담긴 〈가시나들〉 제작기

　그럼 이제 같은 소재를 예능에서는 어떻게 다룰까? 이런저런 고민이 필요한 시점이다. 다큐멘터리 영화 〈칠곡 가시나들〉은 긴 시간에 걸쳐 할머니들의 삶을 차근차근 담아냈다. 그런 접근을 통해서만 다룰 수 있는 일상의 현실적이고 입체적인 모습이 있다. 하지만 사람들은 다큐멘터리 영화를 볼 때와 TV 예능 프로그램을 볼 때의 마음이 다르다. 집에서 편안하게 TV를 켜는 사람들이 〈가시나들〉을 보게 하려면 어떤 다른 포인트가 있어야 할까? 대개의 예능에서 보통 그 포인트는 연예인이 출연하면서 만들어진다. 하지만 어울리지 않는 연예인을 억지로 넣을 수는 없는 법이다. 어떻게 하면 가장 자연스럽게 인물들이 어우러질까 고민했다.

　가장 먼저 결정할 역할은 선생님이었다. 문해학교도 학교인 만큼, 학교를 배경으로 하는 이야기를 주도하는 역할은 보통 선생님에게 주어진다. 〈칠곡 가시나들〉에서도 선생님이 여러 할머니를 만나며 상황을 이끌어가는 중요한 역할을 담당했다. 하지만 아무리 기초한글 수업이라고 해도 그냥 유명 연예인에게 맡길 수는 없었다. 시청자를 설득할 수 있는 최소한의 자격을 갖춘 사람이 필요했다.

　그러던 중 발견한 것이 문소리 배우였다. 국민적인 충분한 인지도에, 예능에서 자주 보는 인물은 아니고, 무엇보다 사범대학을 졸업해 공인된 교사자격증이 있는 배우! 자격만큼이나 시청자에게 소구할 수 있는 호감과 인지도가 중요하다. 기획안과 섭외 요청을 정성스럽게 작성해 소속사로 메일을 보냈다. 이렇게 개인적인 친분 없이, 소속사의 공식 경로를 통해 섭외 요청을 하는 경우를 일컬어 '콜드 메일(cold mail)'이라고 부르는데, 사실 성사되기 쉽지 않다. 하지만 배우는 기획안을 검토하고 섭외에 응해주었다. 머릿속에만 머물렀던 기획이 처음 얼굴을 갖추기 시작하는 순간이다. PD는 이럴 때 쾌재를 외친다.

이제는 내가 오랫동안 사랑해 온 이야기를 덧붙일 차례다. 예능 프로그램 〈가시나들〉은 다큐멘터리 영화처럼 할머니들의 삶을 차분하게 관조하는 대신, 젊은 짝꿍들이 할머니들과 함께 공부하며 젊은 세대의 관점을 대변하는 구성이다. 할머니와 살갑게 지내 온 경험이 있는 20대 연예인들, 경남 함양이 배경인 만큼 할머니들의 사투리를 잘 이해할 수 있는 이들로 구성했다. 나이 차가 60년 가까이 나지만, 그렇게 까마득히 먼 세대가 서로 우정을 쌓아 가는 모습은 내가 늘 마음속에 품어 온 이야기다. 무엇을 어떻게 이야기할 것인지 다 정했으니, 이제 제작비를 편성할 회사를 설득할 차례다. "왜 이 이야기가 필요한가?"

문해학교 할머니들이 늘그막에 배워 쓴 자신의 이야기와 노년과 소년 사이의 우정이 주는 감동은 PD인 나의 개인적인 취향이다. 히트작이 많은 유명 PD라면 이런 개인적인 취향으로도 제작비를 얻어 낼 수 있겠지만, 나 같은 범부들은 이게 먹힐 콘텐츠라고 설득해야 한다. 그래서 이야기의 정당성이 될 여러 자료를 덧붙인다.

　가장 중요한 이유로 삼은 것은 '할머니 트렌드'였다. 〈가시나들〉을 기획하던 시점부터 〈칠곡 가시나들〉이나 〈박막례 유튜브〉처럼 할머니 세대를 다루는 콘텐츠가 늘어나기 시작했다. 젊은 세대의 눈에는 할머니들의 말과 행동이 귀엽고 엉뚱하면서도 따뜻하게 느껴진다는 사실이 점점 발견된 것이다. 여러 이유가 있겠지만 최근의 20~30대는 '어릴 적 주양육자가 조부모인 첫 세대'였다. 이들의 부모는 주로 1950년대 후반부터 1970년대 초반 세대에 이르는데, 한국이 고도성장기에 접어들면서 처음으로 맞벌이가 보편적인 현상이 되기 시작한 세대다. 자녀 양육에 자연스럽게 조부모, 특히 할머니가 참여하게 된다.

　1980년대 중반부터 1990년대에 태어난 세대는 이렇게 처음으로, 어릴 때 엄마 아빠만큼이나 할머니의 얼굴을 주로 보며 자라왔다. 그 세대가 이제 20~30대가 되어 콘텐츠의 주소비층으로 자리 잡았다. 따라서 이들이 각종 문화 콘텐츠 속에서 느끼는 할머니의 존재감은 이전과는 다를 수밖에 없다. 이런 구조가 자리잡았기 때문에 앞으로도 콘텐츠 영역에서 할머니의 존재감은 지

인생은 진작 마스터했지만 한글을 모르는 할매들과 한글은 대략 마스터했지만
인생이 궁금한 20대들의 동고동락 프로젝트, 〈가시나들〉

속될 것이다.

이런 '할머니 트렌드' 프로그램이 가지는 공익적 의미와 짝꿍 구성을 통한 새로운 재미의 시도, 그리고 영화제작사와의 공동제작을 통한 제작비 절감을 기획안에 담아 설득을 시도한 끝에 프로그램 제작 편성을 얻어 낼 수 있었다. '무엇'을 이야기하고 싶은지가 먼저 정해지고, '어떻게'와 '왜'를 구체적으로 다듬는 과정을 거쳐 설득에까지 이른 기획 과정이었다.

새로운 시도를 담은 PD의 기획, 카카오TV 〈톡이나 할까?〉
—"어떻게"가 먼저 정해지고, "무엇을"은 나중에

청소년 여러분은 지금 우리가 인류 최초의 모바일 콘텐츠 시대를 살고 있다는 것을 깨닫고 있을까? 이런 변화 속에서 카카오TV로 이직하면서 나 역시 이전과는 반대의 기획 과정을 거치게 됐다.

카카오TV가 본격적으로 시작되기 전, 회사는 PD들에게 '모바일 중심' 콘텐츠를 만들라고 요청했다. 프로그램 PD는 전부 TV 방송사에서 일하던 이들이었는데, 지금부터 만들 카카오TV 프로그램은 '스마트폰으로 보는 것'이라는 전제 아래 기획하라는 뜻이었다. 물론 TV 프로그램도 전부 스마트폰으로 볼 수 있다. 하지만 'TV로 방송된 건데 스마트폰으로도 볼 수 있다'가 아니라, 'TV로도 볼 수 있지만 스마트폰으로 봐야 더 재미있다'가 진짜 목표여야 한다는 뜻이었다. '무엇을 만들 것인가'보다 '어떻게 소비되어야 하는가'가 먼저 정해진 것이다.

　사실 콘텐츠를 기획한다면 흔히 '무엇을 만들 것인가?', '어떤 이야기를 하고 싶은가?'에서 출발할 거라고 생각하기 쉽다. 하지만 생각 외로 직업 현장에서는 먼저 "어떻게 소비될 것인가?"가 먼저 정해지고, 거기에 맞춰 '무엇을 만들 것인가?'가 정해지는 경우도 많다. 순수하게 자기 작품을 파는 예술가라면 하고 싶은 이야기가 더 중요하겠지만, 기획을 업으로 삼는 직업인은 그때그때 회사의 필요에 맞춘 기획을 할 수 있는 능력 또한 중요하다.

　예를 들어 '이번 추석 명절 동안 온 가족이 다 함께 볼 수 있는 주말 저녁 프로그램'을 기획할 때는 이미 많은 것이 정해져 있다. 일단 추석 특집인 만큼 한두 편 안에 깔끔하게 끝나는 구성이어야 한다. 온 가족이 대상인 만큼 젊은 세대에게만 유행하는 소재를 다루어서도 안 된다. 너무 빠른 편집으로 기성세대에게 산만하게 느껴져서도 곤란하며, 그렇다고 안일한 구성으로 젊은 세대에게 지루하게 느껴져서도 안 된다. 이렇게 '어떻게'가 먼저 정해져 있으니 거기에 맞는 '무엇'은 종종 비슷한 것들로 채워진다. 명절 특집 하면 여러 세대가 나와 퀴즈를 풀거나 노래를 부르는 프로그램이 제일 먼저 떠오르는 것도 그 한계 때문이다.

〈톡이나 할까?〉 프로그램 촬영 전에 화면 동선, 준비물, 출연진 등 전체 상황을 조율하는 회의 장면

모든 경력이 방송사였던 우리 PD들은 '모바일만의 차별점은 무엇인가'를 고민하기 시작했다. 일단 TV와 비교되는 작은 화면과 들고 다닐 수 있는 편리함 때문에 감상 환경이 제각각이다. 그만큼 오래 몰입해서 보는 콘텐츠보다 가볍게 소비할 수 있는 짧은 분량이 많이 만들어진다. 가족과 다 같이 보는 TV와 달리 지극히 개인화된 기기라서 저마다 보는 취향이 천차만별이다. 스마트 기기라서 다양한 기능과 데이터를 활용할 수 있다. 이를 활용한 시청자 참여형 인터랙티브 콘텐츠도 많이 존재한다.

소년소녀, 기획하라!

하지만 사람들은 무언가 직접 참여하며 즐기고 싶을 때는 게임을 한다. 그런데 콘텐츠를 볼 때는 편안하게 시청하고 싶은 수동적인 자세가 된다. 모바일 콘텐츠라고 섣불리 스마트폰의 다양한 기능을 활용하려고 욕심을 부렸다간 외면당하기에 십상이다. 그래서 일방적인 비디오 콘텐츠로서의 특성을 좀 더 고려하기로 결심했다.

그중 우리 PD들이 특히 집중했던 점이 있다. 모바일 기기는 세로형 프레임 도구라는 것이다. 우리는 스마트폰을 쓸 때 세로로 들고 쓴다. 가로로 돌려 눕힐 때는 영상을 감상할 때뿐이다. 대부분의 영상 콘텐츠가 TV와 극장의 가로형 화면에 맞춰 제작되고, 그렇게 만들어진 콘텐츠가 스마트폰에서도 소비된다. 따라서 평소엔 세로로 세워서 쓰던 스마트폰을 영상을 볼 때만 가로로 눕힌다. 단순한 차이지만, 여러 가지 복잡한 부가 기능을 제외하면 TV 영상과 비교했을 때 가장 확실하게 눈에 띄는 지점이다. 세로 화면으로 볼 때 더 재미있는 콘텐츠를 만든다면 기존의 TV 콘텐츠와 쉽게 차별화할 수 있을 거라는 결론에 도달했다. '어떻게'가 먼저 정해진 것이다. 그럼 이제 세로 화면으로 '무엇을' 봐야 더 재미있을 것인지 고민해야 했다.

세로 프레임의 예술이 시작됐다!

사실 수많은 영상예술이 가로 화면으로 발달해 온 것은 다 이유가 있다. 이족보행을 하며 땅 위를 걷는 인간은 하늘에서 땅으로 시선을 옮기기보다는 지평선을 따라 땅 위에 무엇이 있는지 찾아 헤매며 살아 온 시간이 더 길다. 한 쌍의 눈이 가로로 배치된 것도 마찬가지 이유다. 우리는 시야가 옆으로 펼쳐지는 데 익숙하며, 따라서 화면 속 필요한 정보를 담을 때도 옆으로 긴 가로 화면일 때 더 수월하게 느낀다. 세로로 긴 화면은 대개 텅 빈 하늘에, 양옆에는 무엇이 있는지 많이 보여 줄 수 없어서 비좁고 답답한 느낌을 받기 쉽다.

그런데 세로 화면으로 찍었을 때 더 매력적으로 보이는 대상이 있는데, 바로 사람이다. 그것도 딱 한 명이다. 두 명만 되어도 가로 화면이 낫다. 하지만 한 명의 사람을 찍을 때는 세로 화면 안에 담는 것이 훨씬 현실감 있고 아름답게 느껴진다. 중세시대 미술 작품을 보아도 풍경이나 이야기를 담은 작품은 긴 가로 화폭에 그려지지만, 인물 한 명을 담은 초상화는 화폭을 세로로 세웠다. 카메라를 세워 세로로 길게 촬영하는 방식을 가리키는 사진 용어도 '초상화'라는 뜻의 '포트레이트(portrait)'다. 한 명의 인물을 담을 때 세로 프레임이 얼마나 좋은지 알려 주는 예시인 셈이다.

그러면 일단 세로로 세운 화면 속에 사람 한 명이 등장하는

<톡이나 할까?> 작업 일정표

기획을 해야겠다는 결론에 이르렀다. 일찍이 세로 화면의 이런 특성을 먼저 활용한 모바일 콘텐츠가 있었다. 뮤지션의 라이브 영상을 세로로 보여 주는 딩고(dingo)의 '세로 라이브' 시리즈나, 아이돌 그룹 중 특정 멤버를 특별히 좋아하는 팬들이 찍기 시작한 '직캠' 같은 것이 그랬다. 모두 원래 프레임보다 해당 인물이 훨씬 매력적으로 보인다는 장점이 있다. 하지만 이런 종류의 콘텐츠는 노래 한두 곡 길이로 소비되기 마련이고, 우리가 본격적으로 제작하기엔 작은 감이 있었다.

　이런 음악 관련 콘텐츠 말고, 인물을 가까이에서 생생하게 느끼며 볼 수 있는 콘텐츠가 또 뭐가 있을까? 1대1 토크쇼나 연애 관련 프로그램에선 이런 세밀한 감정이 중요하다. 이런 장르를 두고 고민하다가, 사람들이 스마트폰에서 가장 많이 쓰는 애플리케이션(앱) 중 하나가 카카오톡이라는 사실을 떠올렸다. 마침 플랫폼이 카카오TV인 만큼 그 어느 곳보다 카카오톡(카톡) 기능을 적극적으로 활용해서 뭔가를 보여 줄 수 있지 않을까? 그럼 카톡으로 대화를 나누는 두 사람을 생생한 세로 화면으로 보여 주면 괜찮지 않을까? 비로소 '어떻게'에서 출발해 '무엇'이 결정되는 순간이었다.

〈가시나들〉도 문해학교 할머니들의 일상을 그대로 찍어서는 예능 포인트가 부족하듯, 카톡 대화도 평범하게 채팅하는 모습을 찍어서는 눈에 띄기 어려울 일이었다. 어차피 두 출연자가 카톡으로 대화할 거면 한자리에 모여 있는 게 촬영하기도 수월하니, 아예 마주 보고 앉아서 카톡으로 인터뷰하면 어떨까? 카톡 대화는 가장 일상적인 활동이지만 얼굴을 마주 보고 앉아서 카톡으로 대화하는 일은 일상에서는 일어나지 않는다. 이렇게 익숙한 것 같은데 한 포인트가 달라지는 지점이 실은 기획을 흥미롭게 만드는 순간이다.

글자로 대화를 나누면 이야기가 세심해진다. 말로 이야기할 때보다 내 생각과 마음을 좀 더 정확하게 표현하려고 고민하게 된다. 반면 목소리와 표정에 담기는 뉘앙스가 사라지는 만큼 오해와 답답함이 생길 수도 있다. 하지만 마주 보고 앉아 있다면 아주 작

게스트와 카카오톡으로 대화를 나누는 새로운 콘셉트의 토크쇼 현장

은 표정과 뉘앙스도 직접 전달된다. 그리고 몹시 어색하다. 사람들의 새로운 감정은 아주 편안할 때보다는, 이렇게 조금 어색할 때 드러난다. 마주 앉은 상대의 표정과 눈치를 살피며 조심조심 대화하는 이 포맷은 초면의 상대와 만나는 간질간질한 느낌과 뒤섞여 묘한 분위기를 만들어 낼 수 있을 것 같았다.

이 새로운 시도를 제일 잘 이끌어 갈 진행자를 찾는 게 중요했다. 김이나 작사가는 상대의 말을 세심하게 경청하고, 남들은 잡아내지 못하는 지점을 포착해 대답하는 능력이 눈에 띄었다. 짧은 글을 세심하게 쓰는 일이 직업인 만큼 글자로 나누는 대화에도 적임자였다. 이번에도 콜드 메일을 보냈다. 김이나 작사가 역시 기획안을 흥미롭게 보고 섭외에 응해 주었다. 좋은 기획은 좋은 MC를 부른다. 그의 이름을 따서 〈톡이나 할까?〉라는 프로그램이 탄생할 수 있었다. 게스트와 카카오톡으로 대화를 나누는 새로운 콘셉트의 토크쇼였다.

무엇을, 어떻게, 왜?, 보여 주고 싶은가의 질문

"무엇을, 어떻게, 왜?"

결국 PD의 기획이란 이 질문에 대해 끊임없이 대답해 가는 과정이다. 일단은 편성을 받아야 하니 회사를 설득해야 하고, 출연진도 설득해야 한다. 무엇보다도 시청자를 설득해야 한다. 이 프로그램을 왜 봐야 하는지, 이게 왜 재미있고 볼만한지 그들을 설득해야 기획이 실현되는 의미가 있다. 결국 이 모든 기획 과정에서, 이러한 질문에 스스로 자신 있게 답하지 못하면 마음 놓고 뛰어들 수 없다.

마지막에 만나는 질문은 결국 "왜?"다. 왜 이 이야기가 재미있는가? 시청자가 시간을 일부러 내어 이 이야기를 봐야 하는 이유는 무엇인가? 나는 왜 이걸 만들고 있는가? 이 질문을 자신에게 던지면서 답을 찾아가는 과정이 내가 생각하는 기획이다. 이 과정은 새 프로그램을 기획하는 기간에만 유효한 것이 아니다.

수많은 사람에게 자신의 이야기를 전달하는 PD는 결국 일상 속에서 만나는 모든 것에서 항상 질문을 찾아낼 수 있어야 한다. PD의 머릿속에는 퇴근이 없다. 그렇게 머릿속 기획의 스위치를 항상 켜 놓으면 더 좋은 이야기를 찾아낼 수 있다.

수많은 청소년이 방송이나 모바일, 유튜브 콘텐츠 등에 점차 큰 관심을 두고, 직접 콘텐츠를 만들고 있다. 그렇다면 한번 곰곰이 생각해 보라. 과연 나는 어떤 이야기를 찾아내고 싶은가? 나는 무슨 이야기를 나누고 싶은가? 이 질문에서 기획의 모든 것이 시작될 것이다.

나만의 기획 법칙

1. 책장을 들여다본다: 나는 무엇을 알고 있는가.

　내가 세상에 대한 지식을 얻는 출처는 절반 이상이 책이다. 그러나 한 권의 책을 다 읽었다고 해서 그게 머릿속에 온전히 남지는 않는다. 그래서 꼭 책을 사서 소장한다. 그리고 기획할 때 내 책장을 유심히 둘러본다. 제목들만 읽어도 내가 무엇을 알고 있는지 떠오르고, 생각지도 못한 제목과 제목이 서로 만날 때 새로운 아이디어가 떠오른다.

2. 새로운 사람을 많이 만난다: 나는 무엇을 모르고 있는가.

　직업적인 삶을 살다 보면 계속해서 같은 일, 같은 사람을 반복적으로 만난다. 그러다 보면 생각이 좁아지고 더 넓은 세상으로부터 단절된다. 기획할 때는 평소에 만날 일 없는 새로운 사람들을 두루 만나며 세상을 넓히는 자극을 받는 것이 좋다.

✛

소년소녀, 기획하라!

3. 재미있는 것을 꾸준히 놓치지 않는다: 나는 무엇을 좋아하는가.

PD의 아이디어는 결국 내가 재미를 느끼는 것들한테서 나온다. 책, 잡지, 드라마, 영화, 다큐멘터리, 만화와 게임……. 나를 설레게 하고 내가 이 일을 시작하게 만든 것들을 꾸준히 즐기고 보면서 설렘과 즐거움을 잃지 않는 것이 무엇보다 중요하다. 정말 좋은 작품을 보면 "나도 이런 걸 만들고 싶어!" 하는 의욕이 샘솟으니까. 그 어떤 동기부여보다 강력하다.

기획의 빛나는 힘을
보여 주는 공연

◉ 참여형 연극, 〈슬립 노 모어(Sleep No More)〉

〈슬립 노 모어〉는 뉴욕의 극장에서 10년째 이어져 오는 연극 공연이다. 5층짜리 건물이 통째로 무대가 되며, 하나의 거대한 연극이 각각의 인물과 장면으로 나뉘어 건물 곳곳에서 동시에 펼쳐진다. 관객들은 하얀 가면을 쓰고 자유롭게 돌아다니며 연극을 관람하고, 가면을 쓰지 않은 이들이 연극의 등장인물이다. 무대와 객석의 경계가 없지만, 배우들은 관객의 코앞까지 다가와도 그곳에 관객이 없는 것처럼 연기한다. 그러면 관객은 마치 그 현장의 유령이 된 것 같은 기분을 느낀다.

유령이 된 관객은 자신만의 방법으로 이야기를 따라간다. 사랑을 나누고 서로 헤어지는 남녀 주인공을 목격했다면, 남자를 따라가며 그의 이야기를 계속 지켜볼 수도 있고, 여자를 따라갈 수도 있다. 어느 쪽을 따라가든 이야기는 계속 이어지고, 내가 따라가지 않은 다른 쪽의 이야기는 볼 수 없다.

소년소녀, 기획하라!

연극 〈슬립 노 모어〉의 한 장면

이러한 구조가 똑같이 세 번 반복된다. 아까 여자를 따라갔다면 이번엔 남자 쪽의 이야기를 따라갈 수도 있다. 그러면 거기서 또 다른 인물을 만난다. 어떻게 해도 세 번 만에 모든 이야기를 다 볼 수는 없다. 연극이라는 가장 고전적인 형태의 예술을 가장 혁신적인 형태로 경험하게 만든 기획의 힘이 빛난다. 가장 최근의 예술이라 할 수 있는 비디오 게임을 강렬한 형태로 경험하는 것 같다.

◉ 통계 연극, 〈100% 광주〉

〈100% 광주〉는 독일에서 시작된 〈100% 베를린〉이란 연극의 연작이다. 독일의 연극창작그룹 '리미니 프로토콜(Rimini Protokoll)'이란 단체는 각 도시의 인구통계학적 자료를 가지고 연극을 구성하는 '100% 도시' 프로젝트를 만들었다.

'100% 도시' 프로젝트는 이런 식이다. 무대 위에 그 도시의 100% 인구통계에 해당하는 사람 100명이 올라선다. 광주광역시로 작업할 경우, 광주의 성비가 남자 52대 여자 48이라고 해 보자. 그럼 남자 52명, 여자 48명이 올라오는 것이다. 그중 10대가 12명이라면, 100명 중 12명은 10대이면서 아까 언급한 성비에도 해당한다. 이런 식으로 무대 위 한 사람은 각각 광주의 인구통계 1%에 해당하는 사람이며, 그러한 사람 100명이 한 번에 무대 위에 서서 광주란 도시의 100%를 상징적으로 시각화한다.

그 뒤로 이어지는 장면들은 이런 것이다. 24시간을 가리키는 시계가 움직일 때마다 평소 자신이 그 시간에 무얼 하는지 연기해 보인다. 오전 7시가 되면 70명 정도가 부지런히 일어나 움직이지만 5~6명은 정오가 될 때까지 누워서 뒤척거린다. 광주의 하루가 한눈에 요약되는 것이다. 설문조사도 한다. 당신은 사형제에 찬성하나요? 사람들이 손을 든다. 사형제에 대한 광주의 민심이 한눈에 보인다. 불이 꺼지고 다른 질문들도 나온다. 당신은 사람을 죽여 본 적이 있나요? 얼굴은 보이지 않지만 조

소년소녀, 기획하라!

그만 전구가 켜진다. 숫자로만 존재하던 통계가 실제 눈앞의 살아 있는 사람으로 존재한다는 느낌은 색다르다.

무대 위에 서는 이들은 모두 평범한 사람이다. 광주 인구 중 배우가 1% 있다면 그중 한 명 정도는 무대에서 연기하는 것이 직업인 사람일 것이다. 자신이 살고 있는 도시의 인구를 대표해서 이런 작업에 참여한다면 보는 사람은 둘째치고 무대에 서는 본인에게 어떤 경험일까 싶다. 학문과 예술이 만났을 때 보여 줄 수 있는 기획의 찬란한 승리다.

소년소녀
기획 프로젝트
3

세상의 문을 열고 소통하는 일

\+

전시 기획

: 이건욱 :

박물관에서 사람의 삶과 문화를 연구하는 큐레이터다. 국립민속박물관, 국립
한글박물관, 국회사무처, 국립세계문자박물관 건립 전담팀 등에서 일했다. 지
금은 국립민속박물관 전시운영과 과장(학예연구관)으로 일하며 젊은 큐레이터들
의 전시 기획을 돕고 있다. 시베리아 샤머니즘, 도시 사람의 생활문화 등을 연
구했고, 다문화, 현대 일상생활, 무형문화유산과 관련해 여러 전시를 기획했다.
「러시아의 공간신앙-붉은 구석」, 「러시아 극동·연해주 호랑이 민속」, 「시베리
아 원주민들의 죽음문화」 등의 논문을 발표했다.

기획이란_

"세상의 이것과 저것,
이 사람 저 사람을 서로 잇고 맺는 것"

'알려진 것과 알려지지 않은 것 사이에는 문들이 있다'라는 시의 한 문장
이 있다. 전시라는 매체는 바로 문이다. 알려진 것과 알려지지 않은 것은
시간이나 공간이 될 수도 있고, 사람과 사람, 물건과 물건일 수도 있다. 전
시는 이 두 세계를 연결하는 문의 역할을 한다. 이 문을 만드는 것, 어떻
게 하면 다른 두 세계를 잘 잇고 맺을까 고민하는 과정이 전시 기획이다.

세상의 문을 열고 소통하는 일

직업으로서의 큐레이터

나는 큐레이터다. 청소년 여러분이 박물관에 와서 눈으로 보고, 귀로 듣고, 손으로 체험하는 일을 기획하는 사람이다. 박물관에 갔다 오긴 했는데, 기억에 남는 것이 없다고? 여러분은 내가 기획한 전시를 맛보지 못한 게 확실하다. 나는 최고의 큐레이터다. 거짓말이 아니다. 내가 진행한 모든 전시가 온 나라의 언론을 장식하고, 저 멀리 아프리카에서도, 더 멀리 갈라파고스제도에서도 나의 이야기를 듣고 싶어 비행기를 보내고, 용돈과 맛있는 음식을 준비한다. 그렇게 생각하자. 과연 뭘 어떻게 했길래?

소년소녀, 기획하라!

전시를 잘했기 때문이다. 전시란 무엇일까? 익숙한 것과 낯선 것을 서로 연결해 주고, 그 연결 안에서 '세상에 남의 일이란 없구나' 하고 공감하게 하는 것이다. 나는 연결하고 맺어 주는 일에 능통하다. 내 기획의 결과는 야무지고, 관람객은 감동에 휩싸여 울거나 웃는다. 그렇게 생각하자.

그런데 이상하다. 요즘 내가 변했다. 약해졌다.

수많은 전시를 기획했고, 이를 위해 그만큼의 공부를 하고, 사람과 물건을 만났다. 하지만 시간이 갈수록 과연 내가 박물관을 찾아오는 사람의 지성이나 감수성에 정당한 지향점을 제공하고 있는가 의심이 든다. 나는 과연 마땅한 볼거리를 만들고 있을까?

전시 기획을 하면 할수록 나의 경험은 부족하다. 시간이 지날수록 느껴지는 내 헐거운 지적 능력과 가난한 경험은 무럭무럭 자라나는 청소년 여러분의 문화적 감수성과는 아득히 멀다. 하지만 내 삶의 본디 모습과 방향성을 파악하기 위해 여전히 노력하는 중이다. 이렇게 기획 이야기를 털어놓다 보면 나 자신에 대한 의심이라는, 갈 곳 없는 유령 또한 마땅한 이정표를 만나지 않을까?

모험을 꿈꾸고 세상 잡다한 것을 모으는 소년

중고등학교 때나 지금이나 나는 뚜렷한 꿈이 없다. '뭐라도 되겠지' 생각하면서, 좋아하는 것만 하고 싶은 욕망만이 가득한 사람이다. 왜 어른들은 항상 "너는 무엇이 되고(To be) 싶니?" 하고 물었을까? 왜 어른들은 내가 어떤 직업을 택할지 궁금해했을까? 나는 항상 "넌 무엇을 하고(To do) 싶니?", "넌 무엇을 좋아하니?" 묻는 어른들이 좋았다.

나는 이상한 아이였다. 언제나 앞에 나서서 잘난 척하고 싶었다. 하지만 잘난 것이 하나도 없었다. 마르고 작고 못생겼고, 공부와 운동과 노래와 그림 실력은 내 부모님의 마음에 어두운 그림자를 드리웠다. 그렇게 잘난 것은 없었지만 좋아하는 것은 많았다. 모험과 낯선 곳, 우주와 외계인, 괴물, 기이한 이야기와 독특한 것이 담겨 있는 책에 열광했다. 우표, 열쇠고리, 엄마가 "쓰레기!"라고 소리 지른 오래되고 잡다한 물건 모으기에 몰두했다.

돌이켜보면 이상한 이야기를 좋아하고, 세상 잡다한 물건을 모으는 나만의 특징이 큐레이터가 되기 위한 기본 바탕이 아니었나 싶다. 물론 이게 다는 아니다. 박물관에 즐겨 갔으니 박물관에서 일하게 된 것이다. 물론 결정적인 순간이 있었다. 고등학생 시절, 단체관람을 하러 간 박물관과 미술관에서 나는 신비로운 경험을 했다. 다소곳이 놓여 있던 옛날 옛적 밥그릇을 보고, "저 밥그릇 주위에서 옛날 사람들은 무엇을 이야기했을까?" 생각했던 내 상상과 호기심이 기억난다. 정물화를 보고서는 이를 그린 사람과 내가 시간과 공간은 다르지만 같은 것을 보고 있을 것이라고 느끼는 감각의 동질성 역시 그랬다. 그때부터 이 모든 감정과 감각을 느끼고 탐구할 수 있는 박물관이라는 장소에서 일해 보면 어떨까 생각했다.

그렇게 뭐라도 되겠지, 했던 이상한 아이는 십수 년 후 박물관에서 온갖 다양한 이야기와 물건으로 전시를 기획하고, 박물관을 찾는 관람객들에게 그토록 원하던 잘난 척하는 사람이 되었다. 그러니까, 큐레이터가 된 것이다. 청소년 여러분에게도 무언가 인생의 좌표를 잡아 줄 기본 바탕이 있을 것이다. 그리고 전기가 통하듯 내 삶의 방향을 잡을 그런 찌릿한 순간이 다가올 것이다.

내가 나선 길이 큐레이터의 길을 만들고

나는 박사다. 대학에서 러시아어를 전공했고, 러시아에서 민족지학으로 석사학위와 박사학위를 받았다. 러시아어와 민족지학. 모두 익숙하지 않은 단어일 것이다. 이것들을 공부하겠다고 했을 때, 주변 사람들은 모두 "뭐 먹고 사냐?", "무엇이 되려고 하느냐?" 물었다. 왜 사람들은 직업 선택에 궁금증을 가질까? 뭐라도 될 텐데 말이다. 나는 내 성적 범위 안에서 내가 하고 싶은 공부를 택했을 뿐이었다. 공부를 잘하든 못하든 자기가 하고 싶은 분야를 선택해야 한다. 행복은 내가 선택하는 것이다.

러시아어는 멋지다. 배우기는 어렵지만 멋지다. 눈이 펄펄 내

사람들의 살아온 이야기, 손때 묻은 사연 많은 물건으로 꾸미는 박물관 전시

리는 끝이 보이지 않는 숲속에서 털모자를 쓴 덩치 큰 불곰 같은 남자의 입에서 나오는 러시아어는 판타지영화 속 한 장면 같다. '내가 쓰는 언어의 한계가 내가 아는 세상의 한계'라고 철학자 비트겐슈타인은 말했다. 영감을 얻고, 창조적인 생각으로 세상의 모든 것을 잇고 맺는 데 외국어만큼 좋은 도구는 없다. 러시아어는 나에게 그런 도구다. 러시아어를 쓰는 다양한 민족의 삶을 경험할 수 있었고, 그들과 대화를 나누며 세상이 얼마나 넓은지 깨달았다.

민족지학은 세상 온갖 군데를 다니면서 사람들이 사는 모습과 이야기를 기록하는 학문이다. 바깥바람 맞는 것을 좋아하는 청소년들에게 적극 추천한다. 나는 중학교 시절부터 배낭을 둘러메고 전국을 쏘다녔다. 그냥 그것이 좋았다. 아버지는 항상 말씀하셨다.

"길이 사람을 만든다."

외국어를 하며 세상 각지를 떠돌아다녔고, 사람들의 이야기에 귀 기울였던 여행길이 기획에 진심인 지금의 나를 만들었다. 그리고 언제나 느낀 점은 사람은 생김새와 사는 방식이 달라도, 그 본연의 마음은 같다는 것이다. 그래서 알고 보면 '세상에 남의 일이란 없는' 것이다. 흔히 말하는 문화의 다양성은 어려운 단어가 아니다. 다른 사람의 삶과 마음에 공감하면 된다.

✤

소년소녀, 기획하라!

공감, 기획자의 필수 덕목

어느 날 문득 우리나라도 세계의 중심에 있음을 알았다. 우리나라에 살고 있는 수많은 외국인 중에서도 나는 특히 먼 이국땅으로 시집온 여성들의 이야기가 궁금했다. 우리는 그녀들에게 얼른 한국어를 배우고, 김치를 먹어야 한다고 말한다. 하지만 고향을 떠난 사람들의 마음이 어땠을지, 태어난 곳만 다를 뿐 같은 인간으로서의 그 마음을 우리는 헤아려본 적 있던가? 문화 다양성의 시대라고 하지만, 과연 우리는 어떤 마음가짐으로 다양성의 시대를 맞이할지 준비되어 있을까? 그런 생각으로 '다문화 사회'라는 주제에 맞는 전시 〈내 이름은 마포포 그리고 김하나〉를 준비하게 되었다.

나는 이 땅에 처음 왔을 당시 그 여성들이 들고 온 이민가방 속을 주목했다. 고향을 떠나 낯선 곳에 정착한 그들의 이민가방 속 물건들은 눈물겹다. 그들의 가방은 크지 않았고, 작은 가방 안에 고향과 가족을 기억할 수 있는 물건을 한두 개씩 챙겨 왔을 뿐이다. 부모님의 사진이 없어 이빨과 머리카락을 일부 가져와 고향 생각이 날 때마다 쳐다본다는 여성 등 그들이 간직한 물건의 사연은 가슴을 저미게 했다.

이렇게 전시 주제를 정하고 나면, 전시 목적을 정해야 한다. 기획의 기본은 내가 하고자 하는 일의 목적을 분명히 하는 데 있

다문화를 주제로 한 기획 전시 〈내 이름은 마포 그리고 김하나〉의 포스터,
이주여성들이 그린 그림과 전시장 모습.

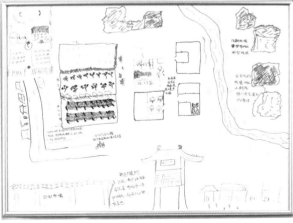

다. "그걸 왜 해야 하는데?"에 대한, "왜?"의 답변이 바로 목적이다. 이 전시의 목적은 '공감하기'였다. 공감이란 다른 사람이 처한 상황을 마치 내 상황처럼 이해하는 것이다. 사람은 본능적으로 낯선 것에 대해 거부감을 느낀다. 당연하다. 나와 다른 것에 대한 거부감과 혐오감이 있었기에 주변의 미심쩍은 환경에서 인간은 지금까지 버텨 왔는지도 모른다. 하지만 지금 시대가 어떤 시대인가? '거부감'이라는 단어는 '이국적'이라는 단어로 바뀌었고, 실시간으로 세계 곳곳의 이야기를 공유한다. 세계는 이렇게 금방 가까워졌는데, 우리는 서로 아직 낯설다. 나는 이주여성들이 가져온 물건 이야기를 통해 우리와 그들이 서로 공감할 수 있는 기회를 만들려고 시도했다.

또한 여기서 한 걸음 더 나아갔다. 목적을 정한 다음에는 기획을 위한 내 마음가짐이 필요하다. 이것이 나만의 이야기로 끝날 것인지, 대중과 공유할 것인지는 기획자의 태도에 달려 있다. 여러분이 반드시 기억해야 하는데, 전시를 기획할 때는 나를 버려야 한다. 전시에 몰입할 경우, 전시 목적 달성에 대한 욕심은 점점 커진다. 욕심은 사람을 망치고 전시를 망친다. 여러분의 기억 속에 사라진 전시들은 다 기획자가 너무 몰입해서 욕심 부리다 망친 전시다. 욕심부리는 나를 멀리 떨어뜨려 놓기 위해 이주여성을 초대하여 전시를 함께 기획했다. 결혼으로 한국 땅을 밟은 그녀는 전문적인 전시 기획자는 아니었다. 그냥 주부였다. 한국에 와서 사는 외국인 여성이 겪고 처한 우리나라의 다문화에 대한 인식은 확실히 우리와는 달랐다. 그리고 그녀와 함께 전국을 다니며 한국에 살게 된 외국인 여성들을 만나 이민가방 속 물건을 수집하고, 그들의 이야기를 들었다. 한국말이 어려운 여성에게는 자신의 이야기를 그림으로 그려 달라고 했다. 때로는 말보다 그림의 반향이 클 때가 있다.

전시는 성공했다. 관람객은 고향도 다르고 살아온 문화도 다르지만, 이주여성이 겪고 있는 여러 가지 상황을 이해했고 공감했다. 그들의 이야기를 담은 영상 인터뷰를 보고 많은 관람객이 눈물지었고, 그들의 삶을 응원했다.

전시의 힘은, 문화의 힘은 이것이다. 사람들의 고정관념을 깨고 좀 더 나은 삶을 누리도록 해 주며, 세상 모든 사람이 각자 존중받을 자격이 있다는 것을 말하는 일이다. 전시 기획을 하면서 나는 나 자신도 변화하는 것을 느낀다.

역사와 문화에서 사람을 찾는 기획자

학교에서 배우는 역사 이야기는 큰 사건이나 유명한 사람들이 늘 주인공이다. 그래서 나는 학교에서 배우는 역사는 나와 거리가 먼 이야기라고 생각했다. 내가 생각하는 역사는 보통 사람들의 삶이 쌓여서 만들어진 것이다. 나의 할아버지, 할머니, 아버지, 어머니, 내 친구, 동네 아저씨 같은 평범한 사람들의 이야기 하나하나가 역사인 것이다. 내가 공부한 민족지학이 갖는 역사관이 이렇다. 개인의 삶을 중요하게 여기며, 개인이 모여 함께 만들어 낸 문화와 역사를 연구하는 학문이다. 옛날 자료들도 연구하지만, 가장 기본은 현재 살고 있는 사람들의 생활을 관찰하고 인터뷰하여 이들의 삶의 형태를 분석한다.

사람을 늘 중심에 두는 사고방식은 전시를 기획하는 데 큰 도움이 된다. 특히 너무도 당연하게 여기는 우리 주변의 것을 주제로 삼고 전시하는 데 좋다.

'아리랑'을 주제로 전시를 구성한 적이 있다. 아리랑은 낯익다. 아리랑은 음악으로도 흔하지만, 우리 생활 곳곳에 아리랑이 존재한다. 가게, 거리, 책 등 아주 많은 것의 이름이 아리랑이다. 특히 해외에 나가면 우리나라 식당이나 현지 교민신문 이름은 거의 아리랑이라고 봐야 한다. 한 일본군 위안부 할머니가 있었다. 광복되고 난 후에도 고향으로 못 돌아오고 수십 년을 타국에서 지낼 수밖에 없었다. 마침내 주변 사람의 도움으로 고향으로 돌아오게 되었을 때, 할머니가 기억할 수 있는 한국말은 '아버지', '어머니' 단 두 단어와 아리랑 노래뿐이었다.

나는 이것이 궁금했다. 아리랑이 무엇이길래 우리의 생활에 이렇게 뿌리 깊게 오랫동안 전승되고 있을까?

책은 답을 주지 않았다. 전국을 다니면서 사람들에게 물었다. "아리랑이 무엇이라고 생각하십니까?", "아리랑을 언제 부르시나요?", "아리랑과 관련된 사연이 있나요?" 90살 넘은 한 할아버지는 할머니가 돌아가신 이후, 뒷산에 올라 아리랑을 부른다고 했다. 그러면 외로움과 그리움을 잊을 수 있다고. 해외에서 공부한 어떤 이는 외국인들이 한국 노래 한 곡을 청하자, 자신도 모르게 아리랑을 불렀다고 했다. 유명한 가수도 아니고 우리 곁의 평범한 사람들이 대답한 내용을 모두 전시에 소개했다. 우리가 흔히 볼 수 있는 보통 사람이 말하는 아리랑 이야기는 그 어떤 역사적 가치가 있는 보물보다도 값졌다. 많은 사람이 아리랑은 '우리 민족의 문화적 유전자'라고 말했다. 한국에서는 한 번도 살아보지 못한 해외동포들도 조사했는데, 그들도 명절 때가 되면 왠지 모를 감상에 젖어 목 놓아 아리랑을 불렀다고 했다.

역사에서 기억할 대상은 무엇보다 사람이다. 아리랑 자체도 중요하지만, 아리랑을 부르는 사람들을 더 기억해야 한다. 오랜 옛날부터 우리는 아리랑을 불렀고, 아리랑을 부르면서 같은 언어로 말하고 같은 땅에서 나는 음식을 먹으면서 서로 동질감을 느껴 왔다. 사람과 사람 사이의 동질감은 휴머니즘의 시작이다. 큐레이터는 휴머니즘을 먹고 산다.

우리 곁의 '아리랑'을 주제로 한 전시 풍경

세상의 모든 단단한 것은 공기 중에 녹는다

집단적인 기억상실의 시대를 살고 있다. 새로운 이야깃거리가 실시간으로 유통되는 현대사회는 공통의 기억과 추억의 틈을 허락하지 않는다. 물건도 마찬가지다. 대량생산으로 쏟아지는 상품은 기술의 발전을 음미할 시간을 주지 않는다.

'세상의 모든 단단한 것은 공기 중에 녹는다'라는 말이 있다. 나는 이 말이 참 좋다. 다 녹기 때문에 박물관이 필요한 것이다. 우리 곁을 떠돌았던 이야기와 물건을 기억해야 한다. 우리의 기억을 통해 아빠와 엄마, 할아버지와 할머니 그리고 다른 사람과의 연결고리는 이어진다. 역사에서 우리가 수없이 반복한 실패, 멋진 미래를 위해 우리가 참고해야 할 이야기, 이 모두를 박물관은 보존하고 있다.

나는 전시가 단순한 볼거리와 즐길 거리가 되는 것이 싫다. 그것은 다른 시각 매체의 몫이다. 전시의 차별성은 박물관에 직접 와야 한다는 것이다. 박물관 전시는 관람객의 숨소리를 듣는다. 단순히 보는 행위의 일종이 아니다. 보는 행위 이후에 어떠한 후폭풍이 관람객의 이성이나 감성에 휘몰아쳐야 한다. 좋은 전시란 사람을 취하게 하는 동시에 깊은 생각에 잠기게 한다. 또한 전시는 강요가 되어서는 안 된다. '이것은 무엇이다'라고 답을 내리는 전시는 폭력이다.

소년소녀, 기획하라!

여러분이 가서 본 박물관 전시가 세계에서 가장 곱거나, 과학적이거나, 우수한 우리의 것만을 소개하는 기획은 아니었는지 의심스럽다. 멋진 단어로 치장된 '우리의 것'이 '남의 것'을 능멸한 것은 아닌지 그간의 전시 목록을 돌아본다. 남과 다르다는 것을 강조할수록 폭력의 세상이 가까이에 있다는 사실을 여러분도 곧 깨달을 것이다.

기획을 한다는 것은 늘 "왜?"라는 질문에 대한 답을 내는 과정이다. 내가 만든 답을 공간에 구현하는 것이 전시 기획이다. 기획을 하면서 눈을 감고 생각한다. 눈을 뜰 때보다 감을 때 세상은 더 넓어진다. 전시 기획을 하면서 나는 진정한 사람이 된다. 디지털시대, 생각할 겨를 없이 정답을 찾을 수 있는 지금, 우리는 잠시 눈을 감고 생각할 시간이 필요하다. 우리 청소년들이 박물관에서 전시를 볼 때, 이런 삶의 결을 한 번 더 떠올릴 수 있다면 좋겠다.

　　나의 부족한 경험이 얼마나 도움이 될지 모르겠다. 살아 온 시대가 다르고 환경이 다른 여러분은 나와 사람과 사물을 보는 방식도 다를 것 같다. 예를 들어, 기획이 무엇이냐고, 어떻게 하면 기획을 잘하냐고 물었을 때, 정답이 하나만 있지는 않다. 실은 세상살이에 정답이 명확하게 있는 것도 아니다. 완벽한 진리는 없다. 필요한 것은 답안지가 주어졌을 때, 그중 내가 가장 잘할 수 있는 것을 선택할 수 있는 판단력이다. 여기 몇 가지 나만의 기획 법칙은 정답이 아니다. 그저 내 방식일 뿐이다. 쓸모가 있을지는 여러분의 몫이다.

1. 짧게 표현할 수 있는 명확한 메시지를 잡는다.

기획하고 있는 주제를 단 한 문장으로 설명할 수 있어야 한다. 전시 준비를 하다 보면 아는 것이 많아진다. 그만큼 보여 주고 설명해 주고 싶은 것이 많아진다. 이렇게 가다 보면 전시는 지루해진다. 뷔페에서 배부르게 먹었지만 뭐가 맛있었는지 딱히 기억이 안 나는 것과 같다. 많이 보여 주고 싶은 욕심이 날수록 나는 왜 이것을 하고 있지? 왜 해야 하지? 되물은 다음, 내가 하고자 하는 목적을 간략하게 정리할 줄 알아야 한다.

전시는 자신의 지식을 자랑하고 늘어놓는 것이 아니라, 요점을 함축하고 삭제해 가며 관람객에게 놀라움과 지식과 영감을 선사하는 고도의 기술이 필요한 예술이다. 목적이 뚜렷한 전시일수록 관람객은 직관적으로 이해한다. 볼거리가 많다고 좋은 전시는 아니다. 전시는 쉬워야 한다. 원래 진리는 어려운 수학 공식 속에 있는 것이 아니라 가볍게 쉬는 숨 속에 있는 법이다.

2. 일단 주위의 모든 이야기를 다 들어 본다.

전시뿐만이 아니다. 인생이 그렇다. 귀가 맛있어하는 말만 듣는 사람, 내가 생각하는 것이 정답이라고 우기는 사람, 자신의 의견을 공격적으로 피력하는 사람……, 이러한 사람의 삶은 늘 가련하고 고단하다. 나의 의견이 항상 옳을 수는 없다. 나보다 아는 것이 적은 사람의 이야기도 귀 담아들어야 한다. 모두에게 사랑받는 사람은 자신의 입은 다문 채 타인의 이야기에 귀를 기울이고, 타인의 생각을 내 것과 조합하려고 노력한다.

전시를 한다는 것은 맺고 잇는 일이다. 의견을 종합하여 내 전시를 볼 사람들의 눈과 발걸음을 예측해야 한다. 전시는 물건을 파는 행위와 같다. 생산자를 위한 것이 아니라 소비자를 생각해야 한다. 여러 사람의 의견을 종합하여 관람객을 설득하는 전시는 아름답다.

3. 전시와 아무 상관없는 책을 읽는다.

결정적인 실수는 집중력이 좋은 사람의 친구가 된다. 어느 영화에 '한 사람만 팬다'라는 대사가 있는데, 그런 사람은 되레 매를 번다. 몰입에 지친 뇌는 쉬어야 한다. 나는 기획을 할 때 전시와 전혀 상관없는 책을 보며 쉰다. 특히 문학을 읽는다. 전시 기획이라는 이성적인 행위는 뇌를 건조하게 만드는데, 문학은 심장을 적셔 촉촉한 기운을 뇌까지 전달한다. 전시는 글쓰기와 같다. 문학과 친한 전시는 관람객이라는 꽃에 물을 준다. 하나 덧붙인다면 전시와 상관이 있든 말든 일단 책은 가까이해야 한다. 독서야말로 창조적인 영감의 근원이다. 좋은 이야기와 정보가 스마트폰만 열어도 다 나온다. 궁금한 것을, 흥미로운 것을 바로바로 알려 주는 요즘의 매체는 경이롭다. 하지만 독서는 글자를 읽는 것이다. 그리고 그 글자가 가진 의미를 생각하고 상상하게 한다. 책을 읽는 행위는 여러분의 뇌와 마음속에 생각과 상상을 하는 공간을 만들어준다. 짐승도 텔레비전과 스마트폰을 보고 학습할 수 있다. 오직 사람만이 독서를 한다. 독서가 세계적인 큐레이터를 만든다.

4. 글을 쓴다.

전시장을 유심히 보면 유물보다 글이 더 많다는 것을 발견한다. 모두 큐레이터가 쓴 글이다. 관람객에게 전시와 유물을 이해시키기 위해 쓴다.

글은 다듬어진 생각이다. 그래서 글을 쓸 때는 짧게 쓸 줄 알아야 한다. 글은 나를 위한 것이 아니라 남을 설득하기 위한 도구다. 짧고 간단하게 쓸 줄 알아야 한다. 전시와 글은 삭제를 잘해야 돋보인다. 보여 주고 싶은 것, 말하고 싶은 것을 다 드러냈다가는 망한다. 요즘의 미술 전시 브로슈어, 영화 설명문은 작품보다 글이 더 난해하다. 각종 전문용어와 외국어가 난무한다. 그들만의 리그다.

글 쓰는 것도 연습이 필요하다. 운동할 때처럼 처음에는 목표를 낮게 잡고 조금씩 써 나간다. 최대한 쉽게 써야 한다. 때로 부사와 형용사로 장식한 글을 보는데, '지옥으로 가는 길은 부사로 덮여 있다'라는 유명한 말이 있다.

글을 쓴다는 것은 자신의 세상을 창조하는 것이다. 매일매일 써야 한다. 일기를 쓰든, 끄적끄적 낙서를 하든 계속 써야 한다.

5. 세상의 색깔은 다양하다는 것을 잊지 말아야 한다.

'국뽕'이라는 단어가 있다. 우리 것에 대한 자부심이 지나치게 넘쳐 낯선 것에 배타적이고 무례한 태도와 마음가짐이라는 뜻이다. 인간의 삶과 문화는 보편성과 특수성을 갖고 있다. 나와 타인 사이에 같은 점도 있고, 다른 점도 있다는 뜻이다. 보편성을 지나치게 강조하면 나만의 특징을 찾을 수가 없고, 특수성에 집착하면 국뽕이 된다. 활발한 국제교류의 시대, 세계를 대상으로 한 전시가 많아졌다. 보편성과 특수성 모두를 인정하는 다양성을 마음에 품어야 한다. 우리가 어떤 민족인가? 이것저것 다 섞어 비빔밥을 만들어 맛있게 먹을 줄 아는 민족 아닌가. 문화의 색깔은 섞여야 맛있다.

사소한 것, 당연한 것에 관한 관심을 가져야 한다. 전시뿐만 아니라 무엇인가를 기획해서 먹고살아야 한다면, 사소한 것, 당연한 것에 좋은 주제가 있다는 것을 알 만한 사람들은 다 안다. 사소한 것도 잘 챙기는 사람, 남들이 지나치는 부분까지 세심히 볼 수 있는 그런 사람이 연애도 잘하고, 뭐든 잘한다.

소년소녀, 기획하라!

6. 뭐라도 되겠지. 늘 낙천적이어야 한다.

인터넷 댓글을 보면 무섭다. 사람들은 증오에 차 있다. 또 어른들은 자기도 싫어했던 공부를 자녀에게 강요한다. 몇 가지 직업을 늘어놓으며, 이것을 갖지 못하면 실패자라 말한다. 어떠한 어른도, 그 어른의 부모도 이러한 세상을 원치 않았다. 원치 않음의 대물림은 증오로 나타난다. 뭐라도 되겠지. 마음을 편하게 먹는 낙천적이고 긍정적인 태도는 비단 전시 기획뿐만 아니라 세상살이에도 좋다. 내게 닥친 여러 문제는 해결해야 할 것이 아니라 해소하면 된다. 말이 어렵다고? 어려움이 닥치거든 외쳐라. "이성으로 비관해도 의지로 낙관하라."

진심이 뼈대가 되는 기획

◉ 〈소리 × 글자: 한글디자인〉 국립한글박물관, 2018년

　한글은 항상 내게 국보 1호다. 인간의 존엄성이라고는 찾아볼 수 없던 중세시대에 백성을 위해 글자를 만들겠다고 다짐한 혁명적인 사고는 놀랍기만 하다. 세종과 집현전 공무원들의 언어음성학에 대한 완벽한 지식, 하늘 – 땅 – 인간[天地人]을 바탕에 둔 우주적인 발상과 창의성은 영장류의 한계를 넘어선 인류사의 불가사의다. 누구나 한글은 위대하다고 말한다. 하지만 한글이 가진 확장성, 창의성을 이야기하는 사람들은 예술가와 과학자뿐이다. 문화는 지키는 것이 아니라 활용해야 예뻐진다. 한글을 기반으로 하여 만든 100년 전 조선시대 영어교재 『아학(兒學)』을 '을러언(learn)'하면서 나의 발음은 영국의 영화배우 콜린 퍼스보다 아름다워졌다.

　'소리를 바탕으로 글자를 만들어 만물의 정을 통하게 하였다.' 이 전시는 정인지가 쓴 훈민정음 서론으로 시작한다. 전시장 곳곳 한글이 가

소년소녀, 기획하라!

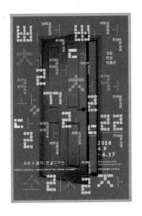

〈소리×글자: 한글디자인〉 전시 포스터

진 창의성과 어여쁜 자태는 박물관이 얼마나 신나는 음성학 놀이터가 될 수 있는지, 어떻게 세상의 모든 소리가 한글이라는 몸을 갖고 나와 통정할 수 있는지, 소리가 한글로 변환되어 인식되는 내 두뇌의 과학적인 체계는 얼마나 비과학적인 풍경을 연출하는지, 한글이 가진 매력을 퍼부었던 멋진 전시였다.

⊙ 〈모두를 위한 미술관, 개를 위한 미술관〉 국립현대미술관, 2020년

관람객이 수첩에 유물의 정보와 지식을 받아쓰는 전시를 나는 좋아하지 않는다. 유물이 가진 팩트는 전시장 밖에도 늘 넉넉하다. 정신과 일상의 삶을 변화하게 하는 전시를 나는 좋아한다. 디자인이 강조되는 요즘 전시의 옷차림 또한 너무나 자극적이다. 욕망은 결국 폭력을 동반한다. 외모보다는 많은 이야깃거리를 가지고 있는 전시와 사람이 언제나 환영받는다.

국립현대미술관의 전시는 직관적이라 좋다. 관람하는 순간, 현실에 존재하는 내가 아닌, 또 다른 세상 속의 나를 느낀다. 작품을 기억하기 위해 애써 수첩을 꺼낼 필요도 없고, 디자인이 과해서 눈을 분주하게 하지도 않는다.

인간이 개를 위해 전시를 준비했다. 미술관에서 관람하는 개, 상상만 해도 즐겁다. 전시장의 모든 연출물은 개의 눈높이와 발걸음에 맞춰졌다. 왜 이런 전시를 준비했을까? 예전에는 개를 '애완견'이라고 불렀다. 장난감 개라는 뜻이다. 지금은 '반려견'이라 부른다. 개와 인간은 어느 한쪽이 주도하는 일방적 관계가 아니라는 파격적인 사상을 담고 있는 단어다. 인류가 오랜 역사를 헤쳐 오는 순간마다 개는 늘 우리 곁에 묵묵히 함께했다. 이제 그들과 함께 예술을 즐기고 삶을 나누는 시대가 왔다. 이렇게 파격적이고 재미있는 전시를 만든 전시 기획자에게는 반려견이 없단다. 고양이 집사로 살고 있다고 한다. 세상은 놀랍다.

◉ 홀로코스트기념관 상설전시 미국홀로코스트기념관, 워싱턴 D. C.

폭력이 난무하는 세상은 무섭다. 폭력의 정점은 전쟁이다. 주먹을 든 사람 앞에서도 주눅 드는데, 총과 칼을 든 사람 앞에서는 두려움뿐이다. 안타까운 것은 전쟁은 늘 인류의 역사와 함께했고, 앞으로도 우리를 기다릴지 모른다는 점이다.

박물관은 폭력의 참상을 소개하고, 반복해서는 안 될 역사를 관람객에게 호소한다. 미국 워싱턴 D. C. 중심가에 자리 잡은 홀로코스트기념관은 인간에 의해 자행된 폭력이 얼마나 무서운 것인지 담담하게 보여주는 곳이다.

폭력의 세상에서 가장 우려되는 것은 인간 존엄성의 상실이다. 존엄성은 어려운 단어 같지만 실은 우리가 평범한 일상을 누릴 수 있는 하나의 권리를 말한다. 전쟁은 일상을 파괴하고, 사람다움을 파괴한다. 2차 세계대전 당시 유대인은 나치주의자들에 의해 강제수용소에 갇혔고, 일상을 파괴당했고, 죽음을 맞이했다. 인류 역사에 이토록 조직적으로 사람의 목숨을 앗아간 폭력이 있었을까? 홀로코스트기념관은 폭력에 의해 인간성이 무너지면서도 삶의 희망과 존엄성을 찾고자 했던 수백만 유대인을 기억하는 곳이다.

박물관은 흔히 기억의 저장소라고 한다. 인류의 기억 속에는 아름다운 추억만이 있는 것은 아니다. 아프고 쓰라린 기억을 저장하고, 그것을 수시로 꺼내 두 눈으로 똑바로 직시해야 우리는 평화를 기대할 수 있다. 세계에서 가장 강한 나라 미국, 그 나라의 수도 한가운데 폭력의 역사를 기억하고 반성과 성찰을 유도하는 곳이 있다는 것은 의미심장하다. 인류의 아픈 역사를 정면으로 바라볼 수 있는 나라와 민족은 번영한다. 그래서 역사는 늘 진심으로 대해야 한다.

소년소녀
기획 프로젝트
4

머나먼 탐험을 떠나는 항해도

+

영화 기획

: 조규준 :

건축공학과를 졸업하고 한때 건축기사로 일했다. 틈틈이 독립영화를 만들어 국내외 영화제에서 수상한 뒤 전업을 결심하고 영화배급사와 투자사에서 일하기 시작했다. 2014년 독립영화 연출작 〈어쩌다〉로 제12회 바르셀로나 빅아시안필름페스티벌 경쟁 부문에 초청됐고, 2015년에는 스마트폰으로 촬영한 영화 〈이방인〉으로 제5회 KT올레국제스마트폰영화제에서 대상을 수상했다. 2016년에 스페인에서 촬영한 단편 〈로다: 길리엄의 세 편의 시〉는 제5회 도쿄 고구레비토국제영화제에서 '휴먼 어워드'를 수상했다. 지금은 영화제작사를 이끌며 신작 기획과 시나리오 쓰기에 전념하고 있다.

기획이란 _

"항해도를 마련하는 일"

영화 기획자에게 기획이란 머나먼 탐험에 앞서 믿음직한 항해도를 마련하는 일과 같다. 규모에 따라 짧게는 수년, 길게는 십여 년에 걸친 시간 동안 무수히 많은 사람과 생각을 나누고 힘을 합쳐 영화 한 편을 세상에 내놓게 되는데, 그 여정의 도처에서 예기치 못한 암초를 수시로 마주치고 모두 무사히 극복해야만 목적지에 닿기 때문이다. 처음부터 훌륭한 기획이 뒷받침하는 영화들은 제아무리 멀고 험난한 여정에도 나아갈 방향을 잃는 법이 없어서 결국 알맞은 시간에 관객을 만나게 된다. 이렇듯 참여하는 조력자 모두가 믿고 의지할 수 있는 항해도를 마련하는 일, 이것이 영화 기획이다.

머나먼 탐험을 떠나는 항해도

영화 기획의 세계로

　　그야말로 다양한 계기로 많은 사람이 영화의 현장에 뛰어든다. 배우를 꿈꾸다가 기획자의 자질을 발견하는 사람도 있고, 만화나 웹툰 작가에서 성공한 영화 기획자로 변모해 유명해진 사람도 있다. 미술가를 꿈꾸다가 영화 기획을 시작하는 경우도 드물지 않고, 성공한 마케팅 전문가가 영화 기획자로 더욱 각광받는가 하면, 나처럼 공과대학 출신의 건축기사가 운명처럼 영화 기획자의 길에 들어서는 경우도 있다.

　　당연한 일이다. 영화 산업이 미술, 음악, 과학, 산업공학 등 다

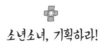

소년소녀, 기획하라!

양한 전문 분야와 직접적으로 맞닿아 있기 때문인데, 뒤집어 생각하면 그만큼 영화 기획자는 관심 분야도 많고 다재다능해야 좋다는 뜻이기도 하다. 그래서 현업에 종사하는 영화 기획자들은 목적지에 닿기 위해 늘 새로운 분야에 도전하려는 태도를 잃지 않는다. 이 책을 읽는 청소년 여러분 중에도 분명 영화에 빠져 있거나, 영화 관련 일에 관심을 가진 학생들이 많을 것이라고 생각한다. 영화 기획자들이 저마다 끊임없이 도전하는 가운데 이렇게 출신까지 다채로운 덕에 매년 영화 시장에 참신한 이야기가 자주 등장한다.

내 경우도 직업으로 영화 일을 선택하겠다고 처음부터 계획한 것은 아니었다. 한때 소설가를 지망하다가 독립영화 연출을 시작하며 영화계에 발을 들여놓았던 나는 다큐멘터리 영화 〈파울볼〉 배급 파트의 짧은 경험을 시작으로, 그동안 주로 파이낸싱 현업의 영역에서 기획자의 삶을 직간접적으로 겪어보게 되었다. 이후 영화 〈검은 사제들〉의 투자 실무를 거쳐 〈안시성〉, 〈신과 함께〉와 같이 대중적으로 성공한 작품의 투자심사에 관여했다. 그리고 나 역시 영화 제작과 시나리오 집필에 본격적으로 뛰어들기로 결심하면서 영화 기획이라는 멋진 탐험을 시작한 사례라고 할 수 있다.

실무자로 일한 영화 〈검은 사제들〉 포스터(위)
〈신과 함께〉 영화 시사회 현장의 출연진 무대인사 장면(아래)

영화 기획자라는 직업을 향해

청소년기와 청년 시절, 진로 문제로 한동안 고민했던 나는 조 존스턴 감독의 〈옥토버 스카이〉(미국, 1999년)를 보고 깊은 위안을 받은 적이 있다. 시골 탄광 마을에 태어난 주인공 호머가 '로켓 만들기'라는 꿈을 이루어 내는 모습에 크게 공감한 나는 그때부터 이 영화를 인생영화 목록에 넣어 두고 종종 꺼내 보곤 했다.

누구든 살면서 이런 인생영화 한 편쯤은 만나게 된다. 어려서 부모님과 함께 본 추억 속 가족영화, 혹은 풋풋했던 첫사랑과 함께 보았던 멜로영화처럼, 이따금 다시 찾아서 보게 되는 작품을 만나는 것이다. 누군가는 방황하던 청소년기에 우연히 어느 성장영화의 주인공을 보고 큰 교훈을 얻고, 또 누군가는 삶의 밑바닥에서 잠시나마 현실을 잊으려 극장에 찾아가 실컷 눈물을 쏟은 뒤 다시금 용기를 얻기도 한다. 영화라는 매체는 이처럼 다양하고 뜻 깊은 의미로 관객에게 다가간다.

잘 만들어진 영화 한 편으로 보는 이에게 어떤 의미를 선물할 수 있을까? 이 고민에서 출발해 초심을 잃지 않고 긴 여정을 헤쳐 나갈 용기가 있다면, 영화 기획자라는 직업에 도전해 볼 만하다. 수많은 영화인의 역할 모델인 스티븐 스필버그 등 성공한 영화 기획자들을 잘 살펴보면 한 가지 공통점을 찾을 수 있다. 이들은 자신이 만들고 싶은 영화나 나에게만 재미있는 영화를 만드는 사람들이 아니라, 많은 사람이 공감하고, 영화관을 찾아온 관객 누구에게나 소중한 선물이 될 만한 영화를 만들기 위해 애쓴다는 점이다. 이렇듯 누군가에게는 인생영화가 될지도 모르는 작품을 만들기 위해 영화 기획자는 항상 험난한 탐험을 마다하지 않는다.

영화 기획, 과연 어디서부터 어디까지?

장편영화 한 편을 극장에 상영하기 위해서는 온갖 전문가의 지식과 노력, 그리고 경험을 총동원해야 한다. 초기 시나리오 개발 단계를 거쳐 주연 배우들을 섭외하고 제작비용을 조달하는 '파이낸싱' 단계까지만 하더라도 이미 100여 명이 넘는 각 분야 전문가와 직간접적으로 협력하게 된다. 하물며 실제 현장 촬영으로 이어지는 '프로덕션' 단계에 이르면 배우들을 포함한 참여 인력 숫자는 작품 규모에 따라 1000명 단위에 이르는 경우도 흔하다. 촬영이 끝난 후에는 홍보 마케팅과 극장 배급, 부가 판권 관리 등의 단계로 이어지며, 이 무렵이 되면 초기 개발부터 시장 유통 단계까지 작품에 참여한 사람의 수는 헤아리기조차 어려운 정도에 이른다.

영화 기획자는 이러한 과정 전반에 직간접적으로 모두 관여한다. 현장에서 영화 기획 분야의 업무란 어디서부터 어디까지를 말한다, 하고 선을 그어 명문화하지는 않지만, 대체로 작품의 프로덕션 단계 이전까지, 즉 실제 촬영에 돌입하기 이전의 개발 과정

을 영화 기획으로 좁혀서 통용하는 경우가 흔하다. 아마도 '기획'
이라는 말이 무언가를 꾀하여 계획한다는 사전적 의미를 지닌 탓
에 이처럼 인식하는 것이 아닐까?

하지만 이처럼 좁은 관점으로만 영화 기획에 착수한다면, 앞
서 이야기한 긴 여정을 성공적으로 완수하는 데 필요한 항해도를
마련하기가 만만치 않을 수 있다. 어떻게 개발한 시나리오를 어떤
촬영 환경에서 영화화하여 어떤 전략과 수단으로 극장에 유통할
것인지, 그리고 좋은 결과물을 얻기 위해서 누구와 협력할 것이며
그들은 또 어떤 전략으로 설득할 것인지, 모두 기획 과정에서 살
펴야 하는 내용이다. 이와 같이 총체적 관점으로 기획하는 영화만
이 결국은 폭넓은 관객과 만나 그들의 마음을 움직일 수 있으므
로, 영화 기획자는 가능하면 긴 안목과 긴 호흡으로 작품을 바라
보려고 한다.

기획에 필요한 원료, '아이디어'

영화 관련 업무는 크게 기획개발-제작-유통관리의 세 단계
로 나뉜다. 현장감을 위해 최초 아이디어 착안과 초기 개발 단계
를 중심으로, 실제 영화각본 집필 직전까지의 과정에 기획자가 무
엇을 생각하고 실제로 어떻게 방향을 잡아가는지 직접 경험한 내
용을 바탕으로 설명해 보겠다.

몇 년 전 청소년과 함께했던 영화연출 특강

　청소년 여러분은 만약 영화를 만들게 된다면 처음에 어디서 어떻게 시작하고 싶을까? 영화를 기획하려면 우선 구체적인 아이디어가 있어야 한다. 초기 아이디어는 무엇이든 생각이 담긴 문장 한 줄이어도 좋고, 인상적인 사물이거나 잠시 스쳐 간 감정이어도 좋다. 만화의 한 장면이나 소설 한 구절일 때도 있다. 그것이 무엇이든 충분히 뚜렷하거나 강렬해서 '영화 기획'이라는 머나먼 탐험을 끝까지 헤쳐나갈 정도로 힘이 있다고 느낀다면 이상적인 재료를 발견했다고 할 만하다.

　영화 〈터미네이터〉, 〈타이타닉〉 등으로 유명한 제임스 캐머

런 감독은 어린 시절 〈자크 쿠스토의 바닷속 세계〉라는 TV 프로
그램의 광팬이었는데, 이때부터 가졌던 해구 탐사를 향한 열망에
서 출발해 16살 나이에 스킨스쿠버 자격증까지 취득했다고 한다.
그는 오랫동안 심해 생물에 관한 열정적인 탐구를 멈추지 않았고,
그로부터 영화 〈심연〉, 〈아바타〉 같은 작품에 등장하는 신비로운
소재의 영감을 얻을 수 있었다. 이처럼 강렬하고 구체적인 아이디
어만 풍부하다면 아무리 험난한 여정이라도 헤쳐나가게 하는 훌
륭한 원동력이 된다.

영화 기획, 어떻게 초기에 구체화할까?

일단 원료를 발견했다면 이제 아이디어를 어떤 방법으로 구
체화할지 생각해야 한다. 일반적으로 영화 기획의 초기 아이디어
는 '로그라인', '시놉시스', '트리트먼트' 단계로 분량을 차츰 늘려
나가면서 이야기에 필요한 서사적 요소를 갖추어간다.

먼저 '로그라인'이란, 이야기의 방향이 담긴 한 문장을 말하
는데 주인공과 이야기 배경, 그리고 중심 갈등이 담기도록 작성하
면 좋다. 대개 첫 아이디어가 강렬하고 뚜렷할수록 로그라인 역시
명료하고 흥미롭다.

가령 앞서 언급한 영화 〈옥토버 스카이〉를 로그라인으로 정리
하면 다음과 같다. '미국 어느 탄광 마을 광부의 아들로 태어난 주

인공 호머는 소련의 첫 인공위성 발사 보도를 듣고 자신도 로켓을 만들어 보겠다고 결심한다. 아버지의 지독한 반대와 마을 사람들의 온갖 조롱에도 불구하고 그는 끝내 소형로켓 시험발사에 성공해서 미국 과학경진대회 우승이라는 놀라운 성과를 이루어 낸다.'

영화를 기획하는 사람이라면, 이 단계에서 이미 어떤 관객층을 주요 목표로 설정할 수 있는지, 또 대략적인 예산 범위는 어느 수준인지 고려하기 마련이다. 단순히 흥미롭다거나 신선하다는 이유만으로 영화화가 가능하리라고 섣불리 판단하는 순간, 기획자는 해당 기획과 함께 오랫동안 망망대해를 헤매는 난파선 처지로 전락할 위험을 자초한다. 좋은 기획자라면 아이디어 단계부터 관객과 예산에 대한 현실적인 판단은 물론, 한 줄 로그라인 안에서도 유추가 가능한 아이러니나 캐릭터까지 예리하게 포착해야 한다.

다음은 '시놉시스' 형태에 맞춰 아이디어를 조금 더 구체화하는 단계다. 관객이 영화관에 찾아가기에 앞서 가장 익숙하게 접하는 줄거리 양식이 바로 시놉시스다. 그러나 현업 기획자 입장에서 다루는 시놉시스는 영화 홍보물 줄거리 형태의 글과는 전혀 다른 차원의 접근을 필요로 한다. 작품의 주제나 집필 의도, 등장인물과 전체 줄거리가 잘 담겨 있어야 함은 물론인데, 여기서 가장 중요하게 다루어야 할 요소는 따로 있다.

영화의 중심이 되는 갈등구조가 무엇인가, 또 그런 갈등구조는 대관절 어떻게 만들어져 있는가 하는 부분을 반드시 밝혀 놓아야 한다는 이야기다. 다시 말해, 관객의 입장에서 도대체 이 영화 안에서 어떤 문제를 맞닥뜨려 야 하는지, 그 문제 내지는 갈등의 성 격은 과연 어떤 종류의 것이며 어떻 게 풀어 나갈 것인지, 이 부분을 명확

영화 〈옥토버 스카이〉 포스터

히 드러나도록 써야 한다. 이 요소를 이른바 '메인 플롯' 개념에 담 아 설명하기도 하는데, 영화 기획 과정에서 이 개념을 최우선으로 살펴야 한다는 입장을 나는 고수한다. 이 단계에서 이야기의 주된 갈등이 확연하게 드러난다 싶어야만 해당 아이디어가 그다음 단 계인 '트리트먼트'로 발전할 준비를 마쳤다고 판단하기 때문이다.

〈옥토버 스카이〉의 시놉시스를 예시로 영화의 중심 갈등을 어떻게 구성하는지 이해해 보자. 1990년대 중반 미국의 작은 탄광 마을 콜우드. 이곳 소년들의 장래는 태어날 때부터 정해진 것이나 다름없다. 아버지를 따라 광부가 되는 길. 하지만 주인공 소년 호 머는 소련의 인공위성 발사 보도를 접한 뒤 밤하늘을 바라보며 자 신의 인생을 송두리째 바꿔 놓을 엄청난 꿈을 품게 된다. 친구들

과 함께 로켓 연구에 몰두하기 시작한 것이다. 그러나 호머의 꿈을 철없는 몽상쯤으로 치부한 아버지는 집요하게 그의 꿈을 반대하고 나선다.

하지만 주변 사람들과 아버지의 반대, 그리고 온갖 시행착오에도 불구하고 호머는 결코 꿈을 포기하지 않고 점점 그럴듯한 로켓을 만들어 내기 시작하고, 마침내 미국 과학경진대회 우승이라는 벅찬 성과를 이끌어 낸다. 결국 호머와 친구들은 전원 장학금 혜택을 받으며 마을의 화제가 된다. 드디어 마지막 시험 로켓을 점화하는 날, 호머는 뒤늦게 시험장에 찾아온 아버지에게 점화 스위치를 건네준다. 그리고 마지막 로켓은 그동안 발사했던 그 어떤 로켓보다도 하늘 높이 힘차게 날아오른다.

이 시놉시스에서 설정한 중심 갈등은 다음 두 갈래 축이 뚜렷하게 대립하도록 짜여 있다.

[꿈-소년-아들] vs [현실-기성세대-아버지]

이처럼 시놉시스를 통해 주요 갈등구조를 세워 놓으면 이제는 관객이 주인공과 함께 어떤 문제를 맞닥뜨리고 무엇을 헤쳐나가도록 이끌어야 하는지 한결 선명하게 드러낼 수 있다. 다음 단계인 트리트먼트 역시 이 구조를 뚜렷하게 세워 놓을수록 집필이 수월해진다.

'트리트먼트'는 통상 A4 용지 30매 이내로 시나리오 본편을

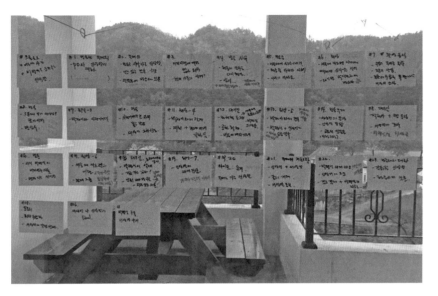

영화 각본 초기 개발 시퀀스 회의

쓰기에 앞서 구체적 줄거리를 장면 순서에 맞추어 집필한 것을 말한다. 시놉시스 단계에서 모두 밝히지 못한 전체 이야기 전개, 주요 등장인물의 성격과 대사 일부분, 앞서 말한 주요 갈등구조의 성립과 해결 양상을 전반적으로 이해할 수 있도록 작성하면 좋다.

기획자가 이 단계에서 반드시 점검해야 할 부분은, 줄거리 속의 크고 작은 갈등구조와 해결 양상이 관객 다수를 사로잡을 만한 순서와 구성으로 노련하게 짜여 있는가 하는 점이다. 관객을 사로잡고 공감을 불러일으키는 구성 방법은 물론 다양하다. 이에 관해

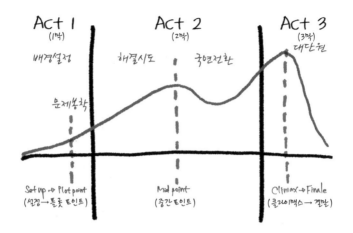

3막 구조 스케치

서는 수많은 이론이 난무하며 정해진 답이 있는 것도 아니다. 전통적인 이야기 전문가들은 '3막 구조' 구성이나 '8시퀀스' 같은 분석 기법으로 시나리오 구성을 자주 다룬다. 이론은 많지만 공통적으로 관객이 얼마나 효과적으로 주인공에게 감정을 이입하도록 설계하였는지를 중점적으로 살핀다.

보통 1막에서 관객은 영화의 배경과 주인공이 처한 환경에 빠져든다. 2막 시작 무렵이 되면 영화는 골치 아픈 문제를 하나 터뜨리고, 주인공이 이 난관을 해결하다가 점점 더 심각한 상황 속으로 빠지도록 몰아넣는다. 그렇게 2막의 중간 극점이 되면 갈등이 고조되었다가 주인공이 극적으로 해결하는 것처럼 보이는데,

아직 완전히 끝난 것이 아니다. 3막으로 넘어가면서 전혀 상상할 수 없었던 다른 차원의 위기가 발생한다. 도저히 해결하지 못할 것 같은 커다란 문제를 주인공이 비로소 천신만고 끝에 해결한 다음에야 이야기는 결말에 접어든다.

정답 없는 늘 새로운 탐험

앞선 예시는 영화 구조에서 가장 흔하게 쓰이는 이야기 구조를 쉽게 요약한 것이다. 그런데 결코 이와 같은 구조가 항상 정답은 아니라는 사실을 유능한 기획자는 다 알고 있다. 그저 일반적인 할리우드 스타일 영화를 기준으로 설명했을 뿐이다. 또한 이처럼 정형화된 구성이라고 해서 늘 기대만큼 좋은 결과만을 가져오지도 못한다.

실제로 매년 극장가에 공개되어 호평받는 작품 대부분이 저런 영화들일까? 오늘날 다수의 영화가 유사한 구조이거나 그 변형이기는 하나, 결코 모든 작품이 엇비슷한 구조를 가지지는 않는다. 2018년에 국내 개봉한 존 조 주연의 〈서치〉 같은 작품은 영화 내내 모든 사건을 컴퓨터 스크린 안에서만 펼쳐 내기도 한다. 그래서 영화 기획을 잘 해내려면 이처럼 다양한 접근 방법으로 만들어지는 작품을 두루 이해하고 각 사례에 맞는 영화 문법을 섭렵해야 한다는 결론에 이른다.

여기까지가 현장에서 영화를 기획하면서 시나리오 집필 단계 직전까지 주로 고민하는 내용이다. 초기 단계에 관한 위 내용만으로도 영화 기획에 얼마나 기민한 방향감각이 필요한지 짐작할 수 있다. 또한 굳은 인내심도 필요한데, 설령 탐험 도중에 풍랑을 만나 때로는 방향을 잃더라도 낙오하지 않고 여정을 마칠 수 있어야 하기 때문이다.

영화 기획에 착수하는 초기에는, 영화를 만드는 과정에 어떤 사람들이 참여할 것이며, 시간은 얼마나 필요할지, 그리고 관객의 반응은 또 어떨 것인지 도무지 예측이 어렵다.

그럼에도 항해도가 가리키는 방향을 굳게 믿고 끝까지 나아간다면, 훗날 영화관을 찾을 어느 관객에게는 평생 기억에 남을 인생영화 한 편을 선물하는 날이 온다. 누군가의 인생영화 목록에 자신이 직접 기획한 작품이 담기게 될 때, 영화 기획자라면 누구나 평생 간직할 보람을 느낀다.

중세시대 한반도로 떠날 또 다른 항해도를 들고

지금 내가 기획하고 있는 영화는 고려 초기를 배경으로 펼쳐지는 전쟁 사극이다. 로맨스 장르가 가미된 이야기인데, 수천 년 전 이야기를 다루지만 그 속에 현대의 관객이 깊게 감응할 수 있는 보편적인 정서와 가치를 주제로 삼고 있다.

소년소녀, 기획하라!

해당 기획은 최초 원안자가 아이디어를 제안해 출발한 경우인데, 검토 결과 기획 측면에서 초기 아이디어가 지녀야 하는 필수요소를 충분히 갖추고 있을 뿐 아니라 소재 면에서도 동시대 관객에게 큰 울림이 있을 것이라는 확신이 생겨 기획에 착수했다.

　　기획하는 영화가 역사물인 경우, 시나리오 집필 단계 이전까지 상당 기간 자료 탐구와 참고문헌 검토 기간이 필요하다. 예컨대 고려에 관한 이야기를 다루는 경우, 영화 배경으로 설정한 시점을 전후로 적어도 한 세기 동안의 동북아 정세에 관해 전문가 수준에 가까운 지식을 수집하지 않는다면, 이후 시나리오 집필 단계에서 원하는 속도를 낼 수 없게 된다. 그만큼 더 굳건한 인내심을 필요로 하는 작업이다.

　　이번 항해 역시 언제쯤 목적지에 닿을지 알 수는 없다. 다만 한결같은 열의로 정성을 다해 항해도를 만든다면 머지않은 시일 내에 이 책을 읽는 소년소녀를 상영관에서 만나게 되리라 믿는다. 스크린을 통해 이를 만난 청소년 여러분이 각자의 인생영화 목록에 이 영화를 담을 수 있기를 기대한다. 나아가 이렇게 만난 독자 중 누군가가 이 영화를 통해 큰 영감을 얻어 훗날 영화계를 놀라게 할 걸출한 항해자가 된다면 더 바랄 나위가 없을 것이다.

1. 사람을 움직이는 힘이 있는지 생각한다.

다른 누구보다 기획자인 나 자신부터 움직이게 만드는 힘이 있어야 한다. 어떤 아이디어라도 영화로 만들고자 한다면, 영화에 출연하는 배우들 마음도 움직여야 하고, 투자배급사의 내부 투자심사에도 통과해야 한다. 더욱이 궁극적으로는 수많은 관객의 마음을 사로잡아야 한다. 기획자 자신의 마음조차 강하게 움직일 힘이 없다면 그 기획은 성공하기 어렵다. 그 힘의 원천으로 두 가지만 꼽아본다면, 첫째 강렬하고 매력적인 갈등구조를 내재하는가, 둘째 독창적이지만 충분히 대중적으로 풀어낼 수 있는 소재와 주제인가, 하는 부분을 들고 싶다.

2. 동시대 관객이 감응할 수 있을지 생각한다.

바로 어제오늘 벌어졌을 것만 같은 이야기나 최근 세간의 이목을 사로잡은 사건을 다룬 영화인데도 어쩐지 극장가에서 외면당하는 영화들이 있다. 반면 수천 년 전 이야기나 실제로 존재하지도 않는 판타지 세계를 다룬 영화라도 세계적인 흥행 돌풍을 일으키는 경우도 흔하다. 영화의 배경과 소재가 무엇이든 '보편적 정서'에 초점을 맞추고 이것을 매개로 이야기에 접근한다면, 수많은 관객의 마음을 움직일 수 있다고 생각한다. 시대에 따라 보편적 정서가 드러나는 양상이 조금씩 변화하기도 하지만, 그 이면에 변치 않는 접점을 잘 살펴야 한다.

3. 관객이 모이는 장소라면 어디든 찾아간다.

어떤 기획이 사람을 움직이는 힘이 있는지, 또 동시대 관객이 감응할 만한 재료가 무엇인지 쉽게 아는 방법은 없을까? 한 가지 비결이 있다. 극장 매표소나 팝콘 매장 앞에 앉아서 지나가는 관객들이 최신 영화에 관해 주고받는 이야기에 잠깐씩 귀를 기울여보는 것이다. 가령 코미디 영화를 상영할 때는 어떤 장면에서 관객의 웃음보가 터지는지 유심히 살피고, 멜로 장르라면 방금 영화를 보고 나온 관객들이 어떤 장면을 주로 이야기하는지 들어본다. 특히 영화가 끝나고 엔딩 크레딧이 올라갈 때 상영관 출구 가까이에 잠시만 앉아 있어 보면, 세대와 성별에 따라 동시대 관객이 가진 정서와 공감대가 어떻게 달라지는지 피부로 느낄 수 있다.

4. 어떤 형태로 다루기 적합한 기획인지 고민한다.

사람들의 대화나 일상 속에서 우연히 어떤 인상적인 사건을 접하면, 기획자는 이 사건을 어떤 장르의 영화로 풀어낼 수 있을지 한번쯤 고민하게 된다. 그 과정에서 우선 사건 자체에 극적인 요소가 있는지 그것부터 살펴본다. 이야기 속에 '드라마'나 '반전' 또는 '성장' 같은 극적인 정서가 풍부하다면 이 사건은 스토리 형태를 갖춘 극영화로 기획이 가능해진다.

반면에 실제 사건이 그 자체로 논쟁적인 경우, 또는 엄청 신기하거나 충격적일 때 흔히들 '영화 같다'라는 표현을 쓰지만 이런 경우는 대개 다큐멘터리나 시사 프로그램으로 다루는 편이 차라리 나을 때가 많다. 초기 기획 단계에서는 이처럼 아이디어의 성격을 정확하게 판별하기 위해 애쓴다.

✥

소년소녀, 기획하라!

영화 기획의 우선 덕목은 무엇?

◉ 영화 〈보이후드〉 미국, 리처드 링클레이터 감독, 2014년

촬영 기간이 무려 12년이라는 사실만으로도 이미 영화팬에게 강렬한 인상을 남긴 작품이다. 그런데도 국내 영화 전산망에 기록된 최종 관객 수는 19만 명 수준에 그쳤다. 널리 알리고 싶은 작품이다.

내가 이 작품에 반한 까닭은 '인내심'이라는 영화 기획의 중요한 덕목을 끝까지 치열하게 고수하여 완성해 낸 작품으로 보였기 때문이다. 등장하는 네 가족이 12년 동안 매년 스태프들과 만나 짧게 촬영을 이어 가는 식으로 만들었다고 하는데, 처음 이런 기획을 생각해 낸 사람은 과연 영화를 완성했을 때 어떤 작품이 될 것이라고 예상이나 할 수 있었을까 싶다. 심지어 무사히 영화를 완성할 수 있을지 확신조차 쉽지 않았을 것이다. 이런 모험에 과감하게 도전할 수 있는 기획자가 얼마나 있을까? 그럼에도 이들은 끝내 '완성된 결과'로 기획의 가치를 증명해 낸 셈이다.

성장영화의 경우, 작품 속에서 주인공이 변화해 가는 과정을 얼마나

영화 〈보이후드〉 포스터

현실적으로 구현해서 관객을 끌어들이느냐가 관건이 되는데, 이 영화에서는 용감하게도 다큐멘터리 영화와 동일한 방법을 시도하여 관객을 놀라게 한다. 주인공 엘라 콜트레인은 7살에 촬영을 시작해 19살이 되어서야 촬영을 마친 셈인데, 그가 성장하는 모습이 마치 다큐멘터리처럼 작품 안에 고스란히 담겨 있다.

관객이 다큐멘터리를 보고 대체로 느끼는 것이 무엇이던가? '사실성'이다. 얼마나 사실을 사실처럼 와 닿도록 만드느냐에 따라 다큐멘터리 작품은 그 가치를 평가받곤 한다. 〈보이후드〉는 이런 측면에서 도무지 사실인지 허구인지 현기증을 유발할 만큼 너무나도 현실적이어서 보는 내내 당황하게 만드는 작품이다. 성장영화에서 다루는 주인공의 변화 양상을 묵묵히 12년간 보여 주는 방법으로 현실감이란 숙제를 통쾌하게 해결해 버린다. 누군가가 무모했던 탐험 끝에 발견한 신대륙을 편히 앉아 구경하는 기분으로 감상할 수 있는 작품이다.

☩

소년소녀, 기획하라!

영화 〈그래비티〉 포스터

◉ 영화 〈그래비티〉 미국/영국, 알폰소 쿠아론 감독, 2013년

앞서 말한 '나만의 기획 법칙'을 교과서처럼 겸비한 작품이다. 먼저 사람을 움직이는 강력한 힘을 가진 기획이다. '소리도 공기도 중력도 없는 우주 공간 한가운데 철저하게 고립된 주인공, 그녀는 다시 땅을 딛고 일어설 수 있을까.' 이 로그라인만으로도 관객은 영화 속에서 얼마나 막막한 갈등과 위기가 펼쳐질지 곧바로 알아차릴 수 있다. 그리고 생존을 위해 주인공이 사투하는 과정을, 영화는 원테이크 기법으로 처음부터 끝까지 숨 막히게 묘사한다. 이런 시도는 시나리오 내의 공간적 배경이 물리적으로 한정되었다는 점을 잘 활용한 예시이며, 발달한 CG 기술과 촬영기술 등 제작 환경 전반을 총체적으로 살펴 실현 가능성을 검토했기에 가능했을 기획으로 보인다.

스토리 구조 자체는 전형적인 3막 8시퀀스 구조에 가까워 따로 언급할 부분 없이 무난한 편이다. 하지만 단순히 이야기가 재미있기만 하거나 충분히 감동적이라서 착수하는 다른 기획과는 확실히 차원이 다른 기획이라고 생각한다. 말 그대로 기획이 빛을 발한 작품이다. '생존'이라는 인간 본연의 욕구를 다루는 가운데, 무중력의 자궁 속에서 잉태한 태아가 처음으로 물속에서 기어 나와 땅을 디디고 일어서는 출산의 여정, 이 과정을 따라가듯 절묘하게 이끌어 간 전체 구성 역시 이 작품의 백미 중 하나다.

● 광고 〈테슬라—사이버트럭 vs 포드〉 미국, 테슬라 제작

　세계 최고의 전기자동차회사 테슬라의 광고 이야기다. 영화 외 분야에서 뚜렷한 갈등구조가 얼마나 효과적으로 사람의 마음을 움직일 수 있는지 잘 보여 준 사례로 꼽을 만하다. 2019년 테슬라는 최초로 '사이버트럭' 모델을 공개하면서 포드사에서 제조한 트럭 F-150과 줄다리기 시연을 하는 영상을 공개했다. 물론 영상 속에서 포드 트럭은 테슬라의 전기트럭에 힘 한번 제대로 쓰지 못한 채 맥없이 끌려 간다.

　F-150은 북미 픽업트럭 시장의 절대강자이며, 제조사인 포드는 미국 내연기관 자동차회사의 자존심이나 마찬가지다. 물론 반응은 뜨거웠다. 사이버트럭 공개행사 직후 나흘 만에 20만 건에 달하는 선주문이 이루어졌다고 알려졌다.

　극도로 단순하지만 이만큼 뚜렷한 갈등구조가 또 있을까? 이처럼 강렬한 갈등구조는 흔히 그 자체만으로 수많은 사람의 이목을 사로잡는

테슬라의 〈사이버트럭 vs 포드〉 광고

다. 축구 경기나 온갖 스포츠 종목에 많은 사람이 열광하는 데도 상당 부분 유사한 원리가 작동하고 있다. 테슬라 사이버트럭 광고를 기획한 회사는 아마도 그 점을 누구보다 깊이 이해하고 있지 않았을까.

그러나 광고는 광고일 뿐, 영화를 포함한 스토리와 광고 분야는 전혀 다르다는 사실도 고려해야 한다. 그저 갈등구조가 뚜렷하다는 사실만으로 영화를 기획했다가는 고작해야 몇 분 안에 객석에서 하품 릴레이가 이어질지도 모른다는 점을 명심해야 한다.

소년소녀
기획 프로젝트
5

세상을 향해 춤추고 노래하라

+

공연 기획

: 김신아 :

언론학 석사과정과 공연예술경영 박사과정을 수료했다. 국제무용협회 한국본부, 예술경영지원센터, 국립극장진흥재단 등을 거치며 국제 문화교류와 행정 전문가로 활동했다. 현재 양천문화재단 이사장으로 재직하며 중앙대학교에서 예술행정·공연기획을 가르친다. 세르반티노축제 한국특집, 서울세계무용축제, 디지털아트페스티벌, 서울아트마켓, 아프리카·아랍문화축제 등 공공과 민간 영역을 아우르며 기획자로 활동하고 있다.

기획이란_
"소통이 본질이다"

무대 위 밝은 조명 아래 박수받는 배우들과 객석 뒤에는 스스로 '어둠의 자식'이라 부르는 사람들이 있다. 영화와 드라마를 보면 엄청나게 많은, 그러나 낯선 이름들이 엔딩 크레딧 자막으로 올라가는 것을 본다. 평생 박수 한 번 받지 못해도 묵묵히 세트를 만들고, 의상을 제작하고, 무대를 환하게 밝히고, 다양한 소리를 모아 무대와 객석으로 보내고, 출연자들이 넘어져 다칠까 봐 형광 테이프 화살표로 어둠 속 길을 밝히는 사람들이 이들이다. 이들 모두가 모여야 작품과 세상 사이에 다리를 놓는 일이 완성된다. 필요한 제작비를 만들어 오고, 무대와 사람을 발굴해 내며, 작품이 오랫동안 더 넓게 더 많은 관객과 만날 수 있도록 하는 그런 일, 즉, 소통이다. 그리고 이것이 기획이다.

 # 세상을 향해 춤추고 노래하라

한 어린아이의 꿈과 지리부도

중학교 입학 후 1년을 제외하면 교복도 입지 않았으니 교과서만 치우면 나는 드디어 자유다. 마냥 좋아 입은 귀에 걸고 한 권씩 교과서를 뽑아내며 졸업식도 하기 전에 책장을 싹 비웠는데 딱한 권, 청소차에 실리기 전에 다시 꺼내 올 책이 남았다. 닳도록 넘겨 너덜너덜해진 지리부도 책이다. 도망칠 궁리만 하던 야간자율학습 시간에도, 꾀병을 핑계로 결석해 한가로운 오후에도 가장 친한 친구였던 지리부도는 그렇게 한참을 내 곁에 있다가 검색 한 번으로 전 세계를 넘나드는 세상이 되면서 조용히 사라졌다.

✦

소년소녀, 기획하라!

판타지영화에서처럼 신비로운 이가 나타나 "과거로 돌아가 지금을 바꿀 기회를 주겠다"라고 해도 졸리기 짝이 없던 수업 시간으로 돌아가는 것만은 피하고 싶다. 그런데 유독 정신 차리고 똑바로 앉아 뚫어질 듯 칠판을 바라보게 한 과목이 있었다. 세계사와 지리 과목이다. 하도 봐서 눈 감고도 그릴 수 있는 지도를 머릿속에 펼쳐 놓고는 선생님이 희망봉을 얘기하면 나는 어느새 아프리카 남쪽 끝에 가 있었고, 편서풍 지대를 말할 때면 기류를 타고 날아가는 비행기에 앉아 언젠가의 꿈을 그리고 있었다.

돌이켜보니 청소년기의 나는 〈주말의 명화〉를 보느라 늦게 잠들었고, 남들 노는 방학에 굳이 연극 강좌를 듣고 있었다. 전시회와 콘서트도 부지런히 찾아다녔고, 공연이 있는 극장을 기웃거리다 끝내는 극단 문을 두드렸다. 그러니 유럽, 아시아, 미주, 아랍과 아프리카, 호주에 이르기까지 기타를 둘러멘 집시처럼 한국예술을 짊어지고 전 세계를 떠돌며 공연 기획을 하고 살아가는 오늘날 내 모습이 괜히 만들어진 것이 아니었다. 이제 예술과 함께 5대양 6대주로 떠나보자.

나는 눈부시게 하얀 벽에 기대 격렬한 기타 연주에 맞춰 춤추는 무용수를 구경하고 있었다. 대체 왜 그런 꿈을 꾸었는지 모르겠다. 하지만 한동안 페페 로메로, 클로드 치아리 같은 연주자의 기타곡에 빠져 지냈으니 꿈에 나타날 만도 하다. 하얀 벽은 그렇다 치고 춤추는 빨간 입술의 저 외국 여인은 누구였을까?

시간이 한참 흘러 나는 어른이 되었고, 그 꿈의 정체를 알게 되었다. 스페인 남부에서 시작해 널리 퍼진 연주와 춤, 그녀는 바로 플라멩코 무용수였다. 인도 북부 펀자브 지역에서 살다가 9~10세기경 실크로드를 따라 이동하기 시작해 유랑생활을 한 집시라는 부족이 있다. 플라멩코는 스페인 남부 그라나다, 세비아, 코르도바, 말라가 등을 포함해 8개 주로 구성된 안달루시아 지역에 정착한 집시들이 만들어 낸 독특한 문화다. 제국주의 시대에는 박해 대상이었고, 20세기에 들어서는 나치의 학살 대상이었다. 안달루시아 지역은 8세기부터 15세기까지 약 800년간 아랍 지배하에 있었기 때문에 같은 스페인 내에서도 다른 지역보다 더 이국적인 문화를 간직하고 있다. 이렇게 다양한 문화의 교배가 만들어 낸 플라멩코는 복잡한 기교에 담은 노래와 춤을 통해 인간의 온갖 감정을 표현하는 문화유산으로 대를 이어 전해져 왔다. 지금은 스페인을 대표하는 민속예술이자 세계적으로 수많은 사람이 즐기는 공연예술이다.

2009년에 문화올림픽이 제주도에서 열렸다. 나는 그간 일하면서 사귄 여러 나라 친구를 총동원해 보름간 35개국 65개 일반경연 참가 예술가 섭외를 끝냈다. 그 후 특별공연에 초청할 작품 확정을 위해 열흘간 이탈리아, 스페인, 포르투갈의 6개 도시를 차례

스페인의 민속예술인 플라멩코 공연

로 방문했다. 아! 이거였구나. 베네치아의 산마르코광장에서 들려
오는 아리아, 대낮 스페인 남부 말라가 거리의 하얀 벽 앞에 늘어
선 테이블 사이로 튕기며 지나가는 기타 소리, 리스본 밤거리의
클럽을 가득 채운 구슬픈 노래를 듣자 어린 시절 내 엉뚱했던 꿈
속 풍경이 눈앞에 선명하게 되살아났다.

가장 중요한 문화 자산은 바로 사람

　공연 기획자로서 나는 유럽을 무수히 오갔다. 그곳에서 한
탁월한 문화 기획자가 보여 준 기획의 힘을 만날 수 있었다. 그때

의 일이다. 그리 넓지 않은 루마니아 부쿠레슈티공항 로비는 자정이 넘어가는 시간에도 끊임없이 들락거리는 사람들로 북적였다. 데리러 나오기로 했던 한 사람만 빼고. 몇 시간을 기다리다가 결국 새벽 3시가 되었고, 사내 하나가 다가와 보여 주는 휴대폰 화면 속 내 이름이 이보다 더 반가울 수 없다. 매년 축제로 들썩이는 도시 시비우까지 4시간 거리라 했으니 좀 더 참으면 허리 펴고 누울 수 있겠구나 싶었는데, 스페인에서 온 음악가들과 비좁은 미니버스에 짐짝처럼 실려 악기를 끌어안은 채 트렁크에 걸터앉아 꼬박 7시간, 휴게소 하나 없는 루마니아 시골길을 달리고 또 달렸다.

2007년에 유럽연합은 유럽 문화수도로 시비우를 선정했다. 매년 문화유산이 풍부하고 예술창작이 활발하며 관광객이 많이 찾는 도시를 수도로 지정하면 해당 도시는 1년 동안 문화자산을 대대적으로 홍보할 수 있다. 이를 통해 도시의 국제적 위상도 높이고 경제적 효과도 만들어 낼 수 있다. 지금은 북미, 남미, 아랍은 물론 아시아에서도 문화수도 혹은 문화도시를 지정한다. 이 끝에서 저 끝까지 반나절이면 다 돌아볼 수 있는 조그마한 도시 시비우. 어쩐지 이름이 낯설지 않은데, 루마니아 하면 가장 먼저 떠오르는 드라큘라 백작을 낳은 트란실바니아주의 주도가 바로 시비우다. 몇 년 전 국내 박물관 중 한 곳이 시비우 미술 특별전을 열기도 했다.

루마니아 하면 빼놓을 수 없는 게 하나 더 있다. 20세기를 암

울하게 했던 극악한 독재자 중 하나, 로마의 후예라는 자긍심으로 살아가던 루마니아 사람들을 유럽에서 가장 가난하고 희망 잃은 민족으로 만든 차우셰스쿠다. 그는 루마니아 사람들이 자녀의 기억에서 지워 버리고 싶어 하는 이름이다. 그 역시 역사 뒤로 사라졌지만 독재가 훑고 지나간 곳은 폐허가 되었고 문화는 말라비틀어진 잔가지처럼 고사 직전이었다. 허나 쥐구멍에도 볕 들 날 있다고 했다. 바로 누군가의 희망과 꿈 덕택에 작은 싹이 움트고 있었다.

무대에서 광기 어린 로댕이었던 그가 불뚝하게 솟은 배에 파스텔톤 노란 바지와 체크무늬 셔츠를 걸치고 너스레 떨며 내 옆자리에 앉는다. 배우와 극장장, 교수도 모자라 자칭 세계 3위 축제를 창설해 장기 집권하는 예술감독 콘스탄틴 키리악이다. 독재자 차우셰스쿠도 숨통을 끊어 놓지 못한 루마니아 연극의 자존심 라두 스탕카극단의 젊은 배우였던 키리악은 누구도 엄두 내지 못한 꿈을 현실로 만들기 위해 모든 것을 던졌다.

"유럽 문화수도가 되어 과거의 영광을 되찾자!"

그래서 시작한 것이 시비우 국제연극축제다. 여러 나라의 친구들과 루마니아 문화예술계의 지인을 총동원해 2년을 준비했다. 집은 저당 잡혀야 했고 주머니 속 먼지까지 탈탈 털었다.

드디어 루마니아와 몰도바공화국만 참가해 시작한 축제 첫

시비우를 유럽 문화수도로 만든 기획자 예술감독 키리약과 그가 이끄는 극단의 〈파우스트〉 공연

해, 트란실바니아주의 주도였으니 오죽했으랴, 관객들은 호주머니에 마늘을 넣고 다녔다. 하지만 루마니아의 연극 내공은 모든 이를 감동하게 했고, 세계 연극계가 라두스탕카극단을 주목하기 시작했다. 2회째는 8개국 공연단과 25개국 공연예술 관계자가 시비우를 방문했다. 2007년에 드디어 시비우는 유럽의 문화수도가 되었다. 그리고 축제 창설 20주년에는 시 예산의 20퍼센트가 문화부문에 배정되었고, 참가한 예술가만 70개국 2500명에 이르렀다.

그에게 물었다. "축제에서 가장 중요한 것이 무엇인가요?" 당연히 "돈"이라는 답이 돌아오리라 생각했는데, 느닷없이 옆을 보라고 한다. 라비니아와 크리스티나, 그와 함께 일하는 직원들이다. 축제 기간 거리에서 헤매면 손잡고 극장까지 데려다주며 자원봉사를 하는 시비우의 시민도 바로 이들이다. "내게 그리고 이 축제에 가장 중요한 자산은 바로 사람입니다"라며 예술감독 키리악이 활짝 웃는다.

어떤 문화를 만나건 그 자체로 존중하라

기획자로서 나는 운이 좋았다. 쿠바를 두루두루 돌아볼 수 있었으니 말이다. 아바나 구시가지는 한 집 걸러 한 집이 박물관이며 미술관이다. 식당과 정원에서는 다양한 피부색을 가진 음악가들의 노랫소리가 끊이지 않는다. 작가 어니스트 헤밍웨이가 친구들과 앉아 모히토를 마셨다는 카페의 벽에는 전 세계 유명인사가 남긴 흔적이 빼곡히 들어차 줄 하나 더 그려 넣을 틈도 없다. 그런데 막상 거리를 지나다가 그럴듯한 진열대에 끌려 문을 열고 들어가면 상점 안은 텅 비어 있을지도 모른다. 우유 공급이 끊겨 주스만 마셔야 할 때도 있고, 대낮에는 극장 화장실에 물이 나오지 않아 곤란을 겪어야 한다. 자, 그래도 아바나를 향해 떠나 보겠는가?

유네스코 세계문화유산으로 지정된 아바나 구시가지의 현대 미술관에서는 특별전이 열리고 있었다. 12살에서 17살에 이르는 청소년들의 그림이다. 그전에도 그 후에도 세상에서 가장 높은 채도로 이렇게나 완벽하고 아름답게 색칠한 그림을 본 적이 없다. '국민이 굶거나 치료를 받지 못해서 죽게 하지는 않는다'라는 쿠바정부의 기본원칙 탓이었을까? 편안함에 익숙해진 우리의 눈에는 가난으로 보이는 그들의 일상이 전혀 우울하지도, 절망스럽지도 않았다. 있으면 있는 대로, 없으면 없는 대로 가시가 숭숭 돋아거친 나무막대기로 골목야구를 하며 메이저리거를 꿈꾸는 아바나의 아이들은 그림만큼이나 밝았다. 그들과 눈을 마주친 나도 행복했다. 이듬해 젊은 쿠바 작가들의 조형물을 모아 만든 특별전시의 주제는 '꿈'이었다.

사방에 금이 가고, 당장이라도 손 한번 대면 툭 무너질 것 같은 건물들이 차창 밖으로 휙휙 지나간다. 그나마 줄줄이 널린 빨

쿠바 아바나 거리에서 관광객과 시민들 사이를 누비며 축제를 알리는 피에로 행진

래가 사람 사는 집이라는 것을 짐작하게 할 뿐이다. 드문드문 일
광욕하러 나온 쿠바 아저씨들의 올챙이배가 바람에 날리는 옷가
지 사이로 모습을 드러내며 우리 집이야, 확인시켜 준다.

　한낮의 찌는 더위에 셔츠를 벗고 누워 있던 공연 스태프들은
해가 뉘엿뉘엿 넘어갈 즈음이 되어서야 분주히 움직이기 시작한
다. 아니, 우리 눈에는 답답해 속 터질 정도로 천천히 공연을 준비
하고 있다. 역시나 늦으면 늦는 대로 시작하면 될 터였다. 하긴 극
장에 들어가도 불 들어오는 조명은 몇 개밖에 없고, 야외무대도

시멘트 바닥에 우리나라 대형마트에 잔뜩 쌓인 포장상자를 깔아주는 것이 준비의 전부이니 빨리 움직여서 뭐 하겠는가.

이들과 한동안 씨름하고 나니 멀리서 피리와 북소리가 들린다. 이어 장대에 올라타 전 세계 관광객들을 거느리고 요란하게 휘젓는 피에로들이 다가온다. 무대 위로는 누군가 틀어 놓은 음악에 맞춰 드레스와 꽃으로 한껏 멋 낸 할머니가 올라오고, 말끔하게 정장을 차려입은 아저씨와 장난기 넘치는 동네 아이들이 섞여 춤을 추기 시작한다. 주최 측이 제공한 것은 음료수 몇 잔뿐이다.

전 세계 관광객과 예술가와 동네 주민이 한자리에 모인 저녁, 눈 마주치고 웃을 수 있으면 그것으로 더할 나위 없는 아바나의 축제는 이렇게 시작되었다. 방에서 잡은 꼬마 도마뱀을 팔뚝에 얹고 물을 쓸 수 있는 호텔과 극장 사이를 종일 뛰어다니던 우리 예술가들은 북소리로 그들의 심장을 움켜쥐었고, 흥에 겨워 리듬을 타고 날아오르는 춤을 한껏 추었다.

실컷 여러 나라를 다녀보고 싶어서, 혹은 문화예술에 큰 뜻을 품었기 때문에 국제 문화교류 전문가가 되고 싶다는 후배들에게 그래서 나는 항상 말한다. "어떤 문화를, 누구를 만나건 있는 그대로 존중하세요." 그날 아바나의 저녁은 우리나라 전국에서 펼쳐지는 수많은 축제 중 그 어떤 축제에서도 볼 수 없을 정도로 너무나 소박한, 그러나 모두가 진심으로 웃으며 행복해한 개막식이었다.

소년소녀, 기획하라!

떠나자, 꿈을 찾아서

오래전 읽은 '떠나는 자만이 인도를 꿈꿀 수 있다'라는 책 제목은 내 머릿속에 알 수 없는 동경을 심었다. 하지만 폭력적이고 우울한 내용으로 가득한 뉴스는 과연 인도가 꿈꿀 만한 곳인지 의심하게 했고, 이내 나는 인도를 잊었다.

20년 전이나 지금이나 우리 예술가들은 유럽으로 가장 많이 나가고 있다. 그 뒤를 이어 교류 확대 잠재력이 큰 중남미 대륙과 유통구조가 독특한 북미 등으로 확장하는 추세다. 중국, 싱가포르, 홍콩 등 중화권과 최근 힘을 잃고 있는 일본을 제외하면 상대적으로 인프라가 부족한 아시아는 경제적인 면을 고려해야 하는 국제교류 전문가에게 관심은 있으나 그리 매력적이지만은 않은 지역이다.

그래서 한 열성적인 인도 여성을 수많은 국제행사에서 마주치면서도 눈인사만 나눌 뿐 스쳐 보냈는데, 어느 날 우리는 한 테이블에 앉게 되었다. 상류사회 출신으로 인도 남부 최대 도시 첸나이에 한국과 인도 양국 기업의 후원으로 인도한국문화원을 세운 라띠였다. 그녀는 아들을 한국에 유학 보내고, 제집 드나들듯 한국을 오가며 양국을 잇는 다리를 놓고 있었다. 영국에서 공부한 그녀의 제안은 합리적이었고 한국문화에 대한 애정은 진심이었다. 그래서 결정했다. 이제 인도를 꿈에서 꺼내 보자.

첸나이로부터 2시간 거리에 있는 벵갈루루에서 열리는 아따

인디아 비엔날레 공연 후 축제감독과 함께한 모습

깔라리 인디아 비엔날레에 우리 공연단을 보내기로 했다. 세계문명의 발상지 중 하나인 인도는 중국에 이어 두 번째로 인구가 많아 그 규모가 14억에 가깝다. 음악만 해도 고대 인도는 66개 음계를 만들 만큼 심오하기 짝이 없고, 발리우드를 자랑하는 예술 취향과 만나야 하니 공연 기획은 더 치밀해야 했다.

과거 수년간의 축제 프로그램을 꼼꼼히 봤다. 예술감독의 취향과 이전 활동도 조사했다. 극장 상태에 따라서 작품이 달라지기 때문에 요청한 극장 자료를 무대 전문가들과 함께 분석해 출국 전날까지 메일을 주고받으며 필요한 공연 조건을 만들어 나갔다. 물론 어느 나라 어떤 행사에 가더라도 이러한 과정을 거치지만 인도에 익숙하지 않았기 때문에 좀 더 많이, 좀 더 깊게 연구했다. 첫 타석인 데뷔 무대, 못해도 안타는 쳐야 한다. 무엇을 보여 주고 들려주어야 그들이 열광할까? 핵심은 콘텐츠, 즉 프로그램이다. 보통은 축제감독이 최종적으로 작품을 확정하는데 이번에는 내 제안을 그대로 받아들였으니 '다양성, 작품성, 볼거리'를 다 잡아 보기로 했다.

그러나 아침 9시에 오겠다던 극장 스태프들은 11시가 돼서야 나타나 차도 마시고, 간식도 먹어야 한다면서 점심이 지나서야 무거운 몸을 움직이기 시작했다. 이뿐만이 아니다. 기술적으로 가장 상태가 괜찮다는 극장인데도 정작 쓸 만한 장비를 찾기란 쉽지 않았다. 우여곡절 끝에 드디어 우리 공연이 끝났다. 축제 학술프로그램에 초대받은 일본 기자가 "매우 영리한 프로그램이다. 관객을 빠져들게 하는 작품성과 화려한 볼거리를 다 내놓았으니 어떤 축제에 갔다 놔도 폐막 공연으로 이보다 더 좋을 수는 없다"라고 말해 주니 느리기 짝이 없던 스태프들한테도 웃어 줄 여유가 생긴다. 비로소 긴장이 풀렸다. 다른 도시에서 차로 5시간을 달려왔다는 한 인도 관객은 경비원이 로비 전등을 끄며 나가라고 할 때까지 우리 연주자들을 잡고 놔 주지 않더니, 앞으로 "한국 공연이라면 무조건 달려오겠다"라면서 아쉬운 표정으로 극장을 떠났다.

찬란한 인더스문명을 일군 드라비다족을 정복한 아리아인은 카스트제도를 만들어 냈다. 카르마, 즉 업보로 알고 무조건 순종하라고 가르치는 힌두교와 함께 헌법상 공식적으로 폐지된 이 신분제도는 여전히 인도를 지배한다. 대도시에서조차 누가 높은 계급일지 알 수 없어 사람들은 차라리 눈을 마주치지 않기 때문에 새로 상점이 들어서면 다른 나라에서 직원을 데려와야 한다. 횡단보도는 고사하고 중앙선도 없는 대부분 도로에는 자동차, 오토릭샤, 바이크와 사람이 마구잡이로 섞여 있고, 사리를 입은 여성들이 쿠르타(남성의 전통복장) 차림의 남성들과 부딪치지 않도록 조심하며 일상을 살아가는 나라, 인도의 오늘이다.

"김치를 먹어본 사람이 그 맛에 길드는 것처럼 현대무용도 일단 맛을 들이면 대중으로부터 충분히 사랑받을 수 있다"라는 믿음으로 축제를 만들어 낸 예술감독은 "한국 공연에 보여 주는 반응이 놀랍도록 좋기 때문에 앞으로 한국과의 교류를 더 확대하고 싶다"라고 열광했다. 그리고 2년 뒤 그리고 또 2년 뒤에도 계속 한국 단체를 초청했다. 그러니 주저 말고 떠나자, 꿈을 찾아서.

미래를 여는 것은 '나'라는 콘텐츠

우리가 함께 사는 이 시간, 이제는 지구 반대편에서도 같은 옷을 입고, 전 세계 면세점에는 똑같은 향수가 진열되어 있다. 그러나 같은 제품이라도 입는 사람에 따라 달라지는 옷처럼, 같은

소년소녀, 기획하라!

향수라도 개인의 체취와 섞여 조금씩 다른 향기를 풍긴다. 차이를 존중하며 수많은 다양성이 공존하는 현재의 시간을 우리는 동시 대라 부른다. 실시간으로 지구 반대편과 소통하며 문화를 말하는 기획자는 늘 동시대성을 고민한다. 서로 알아들을 수 있는 언어로 공동의 관심사를 얘기해야 대화할 수 있기 때문이다. 달라 보이는 옷, 달리 느껴지는 향기처럼 각자의 개성이 짙게 녹아든 정체성이 야말로 세계 무대를 여는 열쇠가 된다.

우리 공연계는 유럽을 동경해 왔다. 또한 오랫동안 할리우 드가 만들어 전 세계에 공급한 미국식 정서는 시네마 키즈(cinema kids)의 로망이었다. 그러나 신화에 금이 가기 시작했다. 이제 글로 벌 플랫폼은 여러 나라 제작자에게 지원금을 주고 각기 다른 정체 성으로 해석하는 우리 시대를 드라마로 만들어 세계인에게 배달 하고 있다. 넷플릭스가 투자해 한국 제작진이 만든 드라마 〈킹덤〉 과 〈오징어 게임〉을 보자. 너무도 익숙해 우리가 미처 알아채지 못했던 한국 정서에 세계인이 열광하고 있다.

실시간으로 세상과 소통할 수 없던 시절, 역사를 공유하는 정 체성에 후손은 전통이라는 이름을 붙였다. 전통은 이제 독창적인 민족문화로 자리 잡아 역사책과 박물관에 남거나, 일부는 예술이 되어 무대로 올라갔다. 외국인 눈에 그들과 달라 보이는 무대 위 의 전통은 강한 문화적 정체성을 상징하며 한국을 알리기 위해 참

해외에서 펼친 한국 전통무용 공연 현장

으로 많은 나라를 돌아다니기도 했다.

1200여 년 전 신라에 온 아랍인 처용의 후손이 사는 땅, 오만과 아부다비(아랍에미리트 7개 토후국 중 하나)의 한국대사관이 문화행사에 한국 전통공연을 파견해 달라고 요청했다. 비교적 보수적이지만 우리와 같은 시간을 사는 그들과 한마음이 되려면 공감할 수 있는 무언가가 필요했다. 그래서 한국에 와 춤의 신이 된 아랍인 처용을 불러내기로 했다.

내로라하는 한국 전통무용의 명인들을 앞세우고 20시간 가까이 날아 오만에 도착했다. 연이어 짐 옮겨 놓을 시간도 없이 진작부터 호텔에 와서 기다리던 기자들과 마주 앉았다. 바로 "공연 내용이 뭔가요?"라는 질문이 날아오자, 명인께서는 "하늘과 구름과 바람과 천둥……"이라고 답을 시작한다.

그렇다. 하늘과 구름을 다스리는 신도 있고, 나뭇잎을 태우고 나는 바람에도 정령이 깃들어 있다. 디즈니 만화영화에는 꼬마 유령이 있고 우리 드라마에는 도깨비가 있다. 온 세상 누구나 공감하는 게 신과 인간의 이야기 아닌가. 제단에 제물을 놓고 지켜 달라 애원하며 사람들이 춤추고 노래 부르던 의식은 기원전 이집트에도, 남미 아즈테카왕국에도, 메소포타미아 평야에도 있었다.

오늘은 오만과 아부다비에서 한국의 신이 된 아랍인과 노는 판이 펼쳐진다. 즉, 청신(신을 이 세상으로 초대해), 오신(인간이 가진 훌륭한 재주로 기쁘게 만들어), 송신(우리에게 복을 내려줄 수 있도록 원래 있던 곳으로 돌려보내는)이 공연 내용이었다. 우리가 아랍에서 불러낸 신은 처용, 그리고 뒤풀이는 출연자와 관람객이 손잡고 노는 강강술래였다. 한참을 흐드러지게 놀고 돌아가는 길, 무대 위 제단에서 듬뿍 복 받은 쌀을 나눠 주는데 유일신 알라를 섬기는 그들이건만 어느새 같은 마음이 되었는지 쌀은 단 한 톨도 남지 않았다.

오랜 시간이 지났다. 이제 아부다비에는 한국문화원이 생겼고, 영화 속 상상은 현실이 되었다. 한국 젊은이들이 세계인의 가슴을 뛰게 하고, 좋아진 기술은 세상의 모든 경계를 없애고 있다. 우리의 오늘은 엄청난 속도로 변하고 있다. 오프라인 무대를 고집해야 할지, 온라인으로 들어가야 할지 누구도 명확하게 이야기해 주지 않는다. 앞으로도 명인들과 함께 비행기를 타고 싶지만, "꼭 다시 오라" 하던 루마니아, 쿠바, 인도, 오만, 아부다비와 이제는 아바타로 만나 저작권을 협의하고 영상 링크를 보내거나 감각까지 작동하는 메타버스에서 공연해야 할지도 모르겠다. 그러나 잊지 말아야 한다. 어른들이 살아 낸 시간이 알알이 박힌 정체성으로 개성적인 동시대성을 만들어 낸 〈킹덤〉과 〈오징어 게임〉을.

미래는 같은 옷을 다르게 입고 독특한 향기를 풍기는 "나"라는 콘텐츠가 열어 줄 것이다. 세계를 만날 때마다 문화는 바로 우리 자신이 만든 콘텐츠에서 생겨나는 것임을 기억한다.

1. 많이 보고 듣는 것이 재산이다.

무조건 작품을 가리지 않고 많이 봐 두는 것이 좋다. 기획자는 특정 장르에만 매달려서도 안 된다. 공연뿐 아니라 전시나 축제는 물론, 영화와 드라마도 많이 보는 것이 좋다. 단, 작품이 말하는 동시대적 메시지를 읽어야 하고, 경험이 쌓이면 완성도를 판단할 수 있어야 한다. 그리고 많이 들어야 한다. 무심히 던지는 말 한마디에도 문화가 살아 있기 때문이다. 세상 어디를 가든 반드시 박물관이나 미술관에 들르고, 기본적인 사회상이나 역사도 알아 두는 것이 좋다. 현지 예술가들의 공연을 보고 예술감독을 인터뷰하는 것은 더욱 좋다. 이 모든 일을 통해 세상 사람들의 다양한 문화 취향을 단편적으로나마 파악하고 그들에게 맞을 만한 작품을 제안할 수 있다면 국제 문화교류에 뛰어들어도 잘해 낼 것이다.

2. 끊임없이 세상과 소통하며 공부한다.

신문 기사도 좋고, 연구 보고서도 좋다. 인문서적을 꾸준히 읽는 것도 매우 중요하다. 틈틈이 짬짬이 읽어 두어라. 또한 예술 역시 우리 시대 문화의 한 부분이므로 사회 안에서의 예술, 역사 속에서의 예술, 정치·경제·사회와 예술의 관계, 관객의 일상과 취향 변화에 항상 민감해야 한다. 어디 이뿐인가. 세상이 어떻게 돌아가고, 사람들은 예술로 무엇을 하는지 언제나 살펴야 한다. 내가 성장하지 못하면 내가 이야기하는 작품도 싸구려가 될 수 있다. 그러니 항상 세상에 눈뜨고 공부를 놓지 마라.

3. 충분히 사랑했으면 반드시 빠져나와야 한다.

작품이 좋아서, 예술가가 너무 좋아서 기획을 하겠다고 덤빌 수 있다. 맞다. 대부분 시작은 그렇게 한다. 작품을 충분히 알고, 사랑하고, 단

점을 장점으로 바꾸고, 예술가가 창작하는 데 필요한 조건을 만들어 주는 것이 기획의 출발이다. 그러나 거기에만 머물러서는 안 된다. 충분히 사랑했으면 빠져나와야 한다. 프랑스 관객은, 싱가포르 관객은, 브라질 관객은 작품을 어떻게 볼 것인가를 기준으로, 내가 기획하는 작품을 완벽하게 객관적으로 볼 수 있어야 한다. 각기 다른 취향에 기반한 수요는 냉정하고, 내가 목적하는 곳이 축제인지, 극장인지, 행사인지에 따라 선택하는 작품은 완벽하게 달라져야 하기 때문이다.

4. 결국 사람이다.

보이는 것은 조명 아래 서 있는 사람뿐이다. 하지만 작품을 만들어 공연하기까지 눈에 보이지는 않지만 수많은 사람이 이런저런 역할로 참여한다. 공연 한 번으로 끝나지 않고 다른 나라의 여러 행사에도 나가는 경우라면 더 많은 사람의 노력이 보태진다. 제각기 다른 국적의 수많은 친구를 계속 만나고 서로 도움을 주고받으며 쌓은 우정과 신뢰는 생각보다 값진 성과를 만들어 낼 수 있다. 그리고 나와 함께 고생한 사람들, 그들이 성장할 기회를 만들어 주는 일은 더욱 중요하다. 결국 그들이 당신의 내일이다.

소년소녀, 기획하라!

다양한 채널과 탄탄한 확장으로,
더 큰 품격으로

◉ 호주 서커스 컴퍼니 GOM(Gravity and Other Myths), 〈BackBone〉

1984년 세계 최초로 시작된 캐나다 공연예술견본시(공연예술마켓) Cinars(시나르)는 서커스, 무용, 연극, 음악을 불문하고 모든 공연예술 작품의 국제 유통을 위해 만들어졌다. 이후 전 세계 공연예술계가 이와 비슷한 견본시를 만들어 냈으며, 수많은 예술가와 작품이 여러 나라의 무대와 만나는 데 크게 기여했다. 2018년 11월 몬트리올의 극장에서 쇼케이스(핵심을 축약해 짧게 보여 주는 공연) 중의 하나로 처음 만난 〈BackBone〉 아트서커스 공연은 무대 위에서는 보이지 않는 존재이지만 기획자가 아니었다면 없었을 작품이다. 이듬해 이 공연은 부산을 시작으로 광명, 안양, 의정부를 거치며 한국 관객들로부터도 극찬받았다.

같은 시간 객석 뒤 어딘가, 혹은 다음 계약을 위해 지구 반대편으로 날아가고 있을지도 모르는 제작자 볼프강 호프만(Wolfgang Hoffmann), 그는 작품 제작에 필요한 재능(사람)과 재원(제작비) 그리고 무대(축제나 극장)

아트서커스 〈BackBone〉 내한공연 포스터

를 하나하나 끌어모아 전 세계 유통망에 올려놓았다. 드라마 프로듀서
가 영화 제작을 꿈꾸듯, 적잖은 기획자도 공연 제작을 바란다. 그러나 성
공적인 기획 혹은 작품을 만들어 내는 기획자는 그중 소수다.

◉ 서울무용제, 〈네 마리 백조〉와 〈무념무상〉

　　몇 년 전부터 서울무용제는 아이부터 성인까지 발레 〈백조의 호수〉
에서 네 마리 백조가 등장하는 장면의 음악에 맞춰 장르 불문하고 4명이
짝을 지어 만든 춤을 모집하고 있다. 어느 누구의 무슨 춤이건 공개적으
로 경쟁해 우승자를 가려 시상하면서 참가신청 역시 늘어났다. 이 공연
덕에 많은 사람이 어렵다고 느끼거나, 굳이 공연을 보러 갈 생각도 하지
않아 사회적 지지기반이 약하다고 여겨진 춤이 실은 우리 일상에 살아
있다는 것을 알게 해 주었고, 정규 춤 교육과 무관하게 숨은 고수들을 찾
아내 무대에 세울 수 있었다. 〈네 마리 백조〉 공연은 "크게 주목받거나

박수받을 것이라고 기대하며 살지 않았다 해도, 일상을 사는 우리 모두는 사랑받을 자격이 있으며 칭찬받아 마땅하다"라는 이야기를 들려준다.

전통무용, 한국무용, 현대무용, 발레 등에서 일가를 이루며 평생을 걸고 무용계에 큰 공을 남긴 어른을 기리는 기획공연이 있다. 바로 〈무념무상〉이다. 젊어서는 무대에서 박수받는 것이 당연했지만 이제는 몸이 따라 주지 않아 후배 공연을 객석에서 바라보던 어른들이 짧게라도 직접 무대에 나와 춤추고, 후배들이 옛 추억을 떠올리며 환호와 박수로 반기는 무대였다. 이렇게 예술계 원로나 선배를 기리는 행사가 없던 것은 아니나 무용계에서 장르 간 경계를 완전히 허물고 함께한 공연은 보기 드문 일이었다. 또한 어른들을 품격 있게 존중하는 문화가 필요하던 차에 마련된 무대여서 출연자와 관객 모두에게 여러 면에서 뜻깊은 공연으로 회자되었다.

◉ 공연저널리즘서울포럼

비평문화는 공연예술창작 환경을 유지하고 발전시키는 데 다양한 방법으로 기여한다. 좋은 매체를 통해서 유명한 저널리스트가 언급한 비평은 공연에 관한 관심은 물론, 예술가의 향후 활동을 위한 신뢰 구축에 중요한 자료로 활용된다. 그래서 2008년 이래 해외 유명 매체의 예술 전문 저널리스트들을 초청해 우리 문화를 깊이 이해하고 친숙해질 기회를 만들기로 했다. 올 수만 있다면 같은 저널리스트를 매년 불렀고, 공연은 물론 전국 각지를 다니면서 체험하며 한국문화를 뿌리부터 이해할 수 있는 프로그램을 마련한 것이다.

영국, 프랑스, 독일, 일본, 중국, 스페인, 호주, 이스라엘, 말레이시아, 싱가포르, 인도네시아 등 매체 환경이 달라서 오기 힘들었던 북미와 전문 저널리스트를 찾기 어려웠던 중남미를 제외하고 다양한 나라에서 다양한 저널리스트가 한국을 다녀갔다. 그들은 세계 공연계가 주목하는 담론을 발굴해 치열하게 토론했고 수많은 공연을 관람했다. 서울 인근을 비롯해 통영, 여수, 고성, 안동을 다니면서 굿, 탈춤, 농악을 몸으로 체험했고, 벼를 베어 낸 논에서 인간문화재와 어울려 너울너울 춤을 추었다. 바닷가 용왕굿과 밤바다 풍어제 후 상모를 쓰고 두루마리 휴지를 수건 삼아 장기자랑을 했으며, 정 넘치는 동네 어른들이 손으로 찢어 주는 김치와 소주를 받아먹기도 했다.

"오늘의 경험 때문에 앞으로 내가 한국 공연을 보는 관점은 완전히 달라질 것"이라던 한 영국 기자는 고속도로 휴게소에서 이미자와 문주란 음반을 사 들고 함박웃음을 지어 보였다. 2012년 이후 행사는 종료되었지만 당시 한국을 다녀간 저널리스트들은 지금도 한국발 뉴스를 보았노라 연락해 오고 있으며, 한국 예술가의 현지 공연을 찾아다니며 기사를 남긴다. 이 중 일부는 유사 분야 국제행사에서 초청해 매년 한국에 오거나 국내 매체에 기사를 보내오기도 한다. 공연저널리즘서울포럼은 이후 국내 몇몇 기관이 제 목적에 맞춰 비슷한 프로그램을 꾸린 계기가 되기도 했다.

소년소녀, 기획하라!

◉ 서울뮤직위크

　다양한 채널을 활용할 수 있고 시장성도 뛰어난 대중문화와 달리, 국제 예술교류에서 크게 힘을 발휘하는 것은 네트워크다. 다년간 사귀며 교류하는 과정에서 깊게 알게 되고 상호 신뢰가 쌓이면 그 자체로 예술활동의 기반이 된다.

　JTBC의 〈풍류대장〉, TV조선의 〈조선 팝스타〉 등의 프로그램 신설로 매체가 주목하기 이전부터 전통을 바탕으로 창작된 우리 음악은 상당히 오래 월드뮤직 축제, 전문 마켓, 극장으로부터 사랑받아 왔다. 해외뿐 아니라 국내에도 이러한 예술가들을 집중적으로 소개하는 축제가 많다. 그중에서도 교류가 활발하고 강력한 네트워크를 자랑하는 서울뮤직위크를 들 수 있다. 2016년 '재즈인서울'로 시작해 2017년부터 '서울뮤직위크'로 이름을 바꿔 매년 진행하는 이 축제는 쇼케이스, 학술행사, 매칭 프로그램을 중심으로 네트워크, 즉 국제 인사교류로 구성된다. 축제를 마치면 바로 쇼케이스에서 공연한 단체의 내년 해외 공연이 확정된다는 것이 특징이다. 또한 상황에 따라 온라인과 오프라인 전환이 용이하다. 지원 예산도 적고 규모도 작은 축제지만 월드뮤직을 움직이는 한국인들과 축제 창설자이자 예술감독에게 보내는 해외 전문가들의 무한한 신뢰 때문에 단기간에 국제적으로 주목받았다. 한국 음악가들의 전 세계 활동무대를 확장하는 좋은 기회로 충분하다.

소년소녀
기획 프로젝트
6

새로운 의미를 발견하는 사람,
기획자

+

문화교류 기획

: 최경희 :

주영한국문화원에서 근무하며 영국 최초 케이팝 콘서트와 케이팝 아카데미를
개시했다. 또한 템스페스티벌, 런던한국영화제 기획과 운영에 참여해 공연과
마케팅 부문을 담당했다. 한국예술종합학교에서 문화행사기획을 가르쳤으며
한국국제문화교류진흥원에 입사한 이후 경영기획팀장, 교류기획팀장을 거쳐
현재 조사연구팀장으로 일한다. 공저로 『2020년 한류백서』, 『2019년 한류백
서』 등이 있다.

기획이란_
"필요의 만남을 주선하는 기회"

세상에는 정말 다양한 사람이 살고 있다. 그중에는 예술 창작자도 있고 그 예술품을 누리는 소비자도 있다. 그러나 서로가 원하는 작품과 관객을 어디서 어떻게 만날 수 있는지 알기란 쉽지 않다. 기획이란 이렇게 서로 필요로 하는 사람과 작품의 만남을 주선하는 일이다. 소개팅을 주선하듯 양쪽의 취향과 필요를 잘 이해해 꼭 맞는 서로의 반쪽을 찾도록 돕는다. 작품과 관객, 창작자와 소비자, 더 나아가 문화와 비즈니스, 우리나라와 다른 나라가 서로 좀 더 자주 만날 수 있다면 삶은 더 풍요로워질 것이다.

새로운 의미를 발견하는 사람, 기획자

세계여행을 꿈꾸던 소녀

중고등학교 시절, 학생부에 기록될 장래희망을 막연히 '외교관'이라고 적었던 기억이 있다. 비행기를 타고 해외로 나간 두 번의 경험이 결정적인 이유였다. 중학교 2학년 때 부모님과 첫 해외여행을 떠났다. 동남아의 이국적인 풍광과 잘 어울리는 그들의 전통의복과 음식에 매료되었고, 화려한 문양의 전통의상 바틱에 홀려 덥석 구매했던 기억이 난다. 당시 한국에서 다른 나라로 가는 것은 어렵고 복잡한 일이었는데, 말레이시아 조호르바루, 싱가포르, 인도네시아 바탐은 같은 언어가 통하고 놀러 가듯 다닐 수 있다는 게 어쩌나 신기하던지, 나 역시 어른이 되면 국경을 넘나들며 다양한 사람을 만나는 일을 하고 싶다고 생각할 만큼 인상적이었다.

그 무렵 친한 친구가 부모님 직장을 따라 독일로 떠났다. 1996년 나는 김포공항에서 네덜란드 암스테르담을 경유하는 비행기에 혼자 올라탔다. 암스테르담에서 마중 나온 친구를 만나 독일의 친구 집에 도착했다. 언제 국경을 넘었는지도 알 수 없었다. 내 귀에는 똑같이 들리는 네덜란드어와 독일어가 다른 언어라는 것도 호기심을 자극했다. 이 넓은 세상에는 내가 만나지 못하고 경험하지 못한, 내가 모르는 것이 정말 많구나. 평생 탐험하듯 일하며 세계여행을 할 수 있다면 얼마나 좋을까? 그렇게 두 번의 해외여행 경험이 뇌리에 깊숙이 남아서였을까? 나는 자유롭게 외국어를 구사하고 세계를 누비며 세계인과 친구가 될 수 있는 일을 꿈꾸게 되었다. 그때는 외교관 말고 떠오르는 게 없었다. 게다가 외교관이 되려면 어떤 공부와 준비가 필요하고 대학 진로는 어떻게 할지 고민도 깊지 못한 채였다.

세계를 발견하는 기획자로

대학에서 생명과학과로 진학하고 나서도 정치외교학과로 이중전공을 신청했다. 매 순간 좋아하는 분야와 공부를 선택해 최선을 다한다면 어떤 일을 하든 부족함은 없을 거라고 생각했기 때문이다.

이후 나는 문화연구가 시작된 영국으로 유학을 떠났다. 어릴 때 꿈꾸던, 해외를 누비며 좋아하는 음악과 더불어 지내겠다는 꿈은 더 가까워졌다. 영국에서 석사학위를 마치고 주영한국문화원에 취업했기 때문이다. 문화 기획자는 좋아하는 일을 하면서 많은 곳을 다니고 다양한 사람을 만날 수 있는 멋진 직업이었다. 그렇게 영국 런던 공연예술계의 성지 웨스트엔드와 지상 최대 공연예술축제인 에든버러국제페스티벌에서 전 세계 문화예술인과 어울리며, 기획자로서 무엇을 어떻게 해야 하는지 깊은 고민을 하기 시작했다.

기획, 특히 전 세계 관객을 대상으로 상황과 목적에 맞게 행사를 기획하는 그 일은 그저 나 좋으라고, 아니면 유명세나 명예를 보고 할 수 있는 일이 아니었다. 그만큼 내 직업이 무엇인지, 어떤 역할을 정확히 어떻게 해야 할지 모른다면 쉽게 지치거나 일을 망치거나 엉뚱한 결과를 낳기에 십상인 일이었다. 특히 국민 세금을 쓰는 공공영역에서 일하는 나로서는 끊임없이 공공의 역할을 고민하고, 주어진 예산을 얼마나 효과적으로 "잘" 쓸 수 있을지 생각하는 게 항상 가장 큰 숙제였다. 과연 이 기획은 국민 세금으로 해야 하는 일이 맞는가? 이 기획이 꼭 필요하다면 과연 우리 팀이 가장 잘할 수 있는가? 아니면 이 일에 가장 적합한 파트너가 있을

까? 파트너를 찾았다면 어떻게 효과적으로 이 예산을 잘 쓸 수 있
을까? 이 무수한 질문들의 명확한 답을 찾을 때까지 가능한 한 많
은 사람을 만나고, 책과 자료를 통해 끊임없이 공부하고, 부정적이
거나 비판적인 의견 역시 하나도 놓치지 않고 개선하고 반영하는
일이 결국 공공영역 기획자의 역할이다. 공공영역이야말로 더 많
이 공부하고 더 깊이 고민하는 전문 기획자가 일해야 하는 곳이라
고 생각한다.

　　우리나라 문화체육관광부 산하에는 19개 소속기관과 50여 개

런던한국영화제와 템스페스티벌 현장

유관기관이 있다. 지금 내가 일하는 한국국제문화교류진흥원도 그중 하나다. 공공영역에서 문화교류 기획자는 주인공이 되기 힘들다. 그런데도 내가 기획한 프로젝트를 통해 이전에 한 번도 시도되지 못했던 국가와 사람 간의 만남이 이뤄지고, 같은 비전 아래 힘을 모아 하나의 목적을 이뤄 내는 과정은 그 어떤 스포트라이트나 금전적 보상보다 더 큰 보람과 성취감을 준다.

앞으로 세계는 더욱더 연결될 것이다. 국경의 벽은 낮아지고 디지털 기술로 시공간의 제약 또한 없어질 것이다. 글로벌화, 디지털화로 더 가까워진 세상에서 문화교류를 통해 경제적 이익을 창출할 수도 있고, 서로 이해를 통해 갈등을 해결할 수도 있고, 다양한 나라의 문화를 향유함으로써 문화적으로 풍요로워질 수 있다. 미래 세상에서 문화교류는 가장 중요하고도 필수적인 활동이 될 것이다.

인도네시아에서 만난 문화교류, 패션

모든 실전의 A부터 Z까지 제대로 경험하며 오롯이 체화할 수밖에 없는 생소한 문화교류 업무를 맡은 것은 2016년이었다. 평소 함께 일하고 싶었던 능력 있는 팀원들과 새로운 일을 한다는 것에 들떠 시작했다. 바로 국제 문화교류 차원에서 시작한 인도네시아 중소도시 청년 대상 자립역량 강화 프로그램이었다. 인도네시아,

청년, 자립, 여기에 문화교류를 엮어야 하는 과제였다.

공공영역에서의 문화 기획, 그중에서도 문화교류는 다른 기획과는 본질적인 성격 자체가 다르다. 일반적인 문화 기획은 연출(directing) 영역을 포괄하는 기획(producing or planning)의 성격이 강하다. 그러나 내가 하는 '문화교류' 기획은 좀 더 철저히 '매개'에 중심을 두게 된다. 그러다 보면 실제로 작품과 관객을 연결할 때보다 한국의 전시 기획자와 해외 문화 기획자를 연결하는 사례가 더 많이 생긴다.

이런 관점에서 인도네시아 프로젝트는 처음엔 키워드를 아무리 나열하고 이전 사례를 뒤져 봐도 아이디어가 전혀 떠오르지 않았다. 그때부터 팀원들과 찾아볼 수 있는 인도네시아 관련 국문, 영문 자료를 모두 뒤지기 시작했다. 경제보고서, 역대 해외 사회공헌 사업 사례, 인도네시아 NGO, 인도네시아 관련 지표, 인도네시아 정치와 언론, 문화계 오피니언 리더 인터뷰, 인도네시아에 진출한 한국 기업 자료, 인도네시아 중소도시 청년분포, 교육기관, 직업훈련사업 등 많은 자료를 찾았다. 인도네시아 지도를 펼쳐 놓고 후보 도시를 찾아가고, 알맞은 사업 분야를 좁혀 가고, 현지 상황을 이해하기 위해 부단히 노력했다. 우리 문화교류 기획의 과학적인 논리와 근거를 찾기 시작한 것이다.

사실 처음에는 문화 기획인데 게다가 공공영역에서 패션이라

사람과 세계의 매개 역할이 중시되는 문화교류 기획

고? 패션은 상업적으로 충분한 교역이 이뤄지는 분야이고, 디자인이나 의류산업 전문가만이 다룰 수 있는 영역 아닌가? 이렇게 의아해하는 사람이 많았다. 특히 어떻게 패션으로 문화교류와 청년 자립 프로그램이라는 두 가지 목적을 달성할 수 있느냐며 많은 사람이 우리 사업안을 못마땅해했다.

이 지점에서 '매개' 역할에 더욱 치중하는 '문화교류'의 또 다른 특징이 나타난다. 문화교류는 순수예술뿐 아니라, 대중문화, 공공외교 등 다양한 분야와 영역을 망라할 수 있다는 점이다. 내가 패션 같은 특정 분야의 전문가가 아니라 해도 한국의 패션 전문가와 인도네시아의 패션인재를 연결함으로써 새로운 형태의 교류 프로젝트를 만들어 낼 수 있다.

그렇다면 어디에서 누구와 우리 프로젝트를 시작할 수 있을까? 인도네시아에서 우리와 협력해 직접 패션스쿨을 운영할 파트너를 찾아야 했다. YCIFI를 한국과 인도네시아 정부가 공식 인준한 패션문화 인재양성기관으로 출범하고 싶었기 때문이다. 어느 정도 초기 기획이 완성된 후에는 한국과 인도네시아에서 도움이 되는 사람이라면 닥치는 대로 만나기 시작했다.

그렇게 두 달, 여러 질문과 의문의 답을 찾을 때까지 끊임없이 연구했다. 그 결과 수많은 토론과 회의를 거쳐 인도네시아 반둥에 패션인재 양성을 위한 교육기관을 설립하고 운영한다는

인도네시아에서 발견한 문화교류의 매력

'Young Creator Indonesia Fashion School(YCIFI)' 3개년 사업안이 탄생했다.

인도네시아는 중위 연령이 28.2세로 젊은 국가다. 젊은이들은 한국과 한국문화를 좋아하고 친근하게 여기고 있었다. 자카르타 패션위크나 인도네시아 패션위크는 747개 이상 브랜드와 300여 명의 디자이너, 5000여 작품이 참여하고 방문자는 30만 명에 이르는 큰 축제다. 그만큼 패션은 인도네시아에서 중요한 문화이자 산업이었다. 그중 반둥은 교육 수준이 높은 창의산업 선도도시로, YCIFI가 자리 잡을 수 있는 최적의 도시였다.

소년소녀, 기획하라!

사업을 시작하는 첫해에만 170여 명의 관계자를 만나 자문하고, 파트너로 함께하자고 설득했고, 인도네시아 청년들을 만나 그들의 꿈을 이루는 데 필요한 것을 물었다. 그렇게 사업을 다듬고 공감을 얻기 시작하면서 YCIFI는 본격적으로 출발했다. 자립역량 강화 프로그램에 문화교류라는 새로운 해결 공식을 더하니 이 기획이 꼭 필요한 주인공들의 만남이 시작된 것이다.

사람과 문화를 연결하는 일

3년간 좋은 성과를 냈다. YCIFI를 통해 인도네시아 디자이너 20여 명이 자카르타패션위크를 통해 정식 데뷔했다. 패션산업의 상호교류와 협력이 활성화되면서 5건의 협력 프로그램이 추진됐고, 3개의 한국 브랜드가 인도네시아에 진출했다. YCIFI는 2019년 자체 리뉴얼을 시도하고 인도네시아정부 프로그램에 편입되는 절차를 시작했다. 3년 프로젝트를 수행하면서 수많은 인도네시아 친구들이 생겼다. 이 친구들을 통해 종종 인도네시아의 정취와 음식을 그리워하며 진정으로 그들의 문화를 사랑할 수 있는 법을 배웠다. 이렇게 만난 친구들은 나의 다음 기획의 또 다른 주인공이 될 것이다.

YCIFI는 한국과 인도네시아 양국이 협력해 문화산업의 상호이익을 추구하면서 인도네시아 청년의 경제자립에 기여하는 것이 주목표였다. 무엇보다 중요한 것은 양국의 패션이 만났고, 문화가 만났고, 사람들이 만났고, 거기서 다양한 경제활동이 시작됐다는 점이다.

YCIFI는 반둥에서 끝나지 않았다. 인도네시아 정부는 YCIFI 모델을 차용해 다른 문화산업 인재육성 프로그램을 시범 운영 중이다. YCIFI에서 한국 멘토들에게 교육받았던 인도네시아 멘티는 이제 스리랑카에서 패션 멘토로 활동하며 YCIFI의 비전처럼 세계 어딘가에서 또 다른 만남을 이어가고 있다. 2016년에 몇몇 동료와 사무실 한쪽에서 미래의 전망을 나누며 아이디어를 모아 시작했던 문화교류 기획이 여러 곳에서 열매를 맺고 있다.

문화교류 기획자가 가장 집중해야 하는 부분이 바로 이것이다. 기획자가 서로 필요한 사람 간의 만남을 주선하면 내가 꼭 특정 분야의 전문가가 아니어도 기획의 목표를 달성할 수 있다는 점이다. 따라서 문화교류를 기획하는 사람은 내 기획의 '주인공'을 항상 기억해야 한다. 만남을 주선한 이후에는 주인공들이 알아서 멋진 스토리를 만들어 갈 수 있도록 도와야 한다. 작품이나 기획의 주인공이 주목받지 않고 기획자가 주목받는 문화교류 기획은 중심이 맞지 않는 어색한 결과를 낳게 될 수 있기 때문이다.

이것이 공공 기획의 매력이 아닐까? 앞으로도 국가 차원, 민간과 공공영역이 어울려 문화를 나누고 현실을 바꾸는 기회를 많이 만들고 싶다. 공공 기획의 매력을 더 많이 알리고 싶다.

소년소녀, 기획하라!

최근 우리가 수행하는 가장 재미있는 기획회의 주제는 각 나라 문화예술 소비자의 관심사가 무엇인지 빅데이터 분석과 설문조사 등 과학적 방법을 통해 분석하는 것이다. SNS 등 다양한 텍스트를 분석해 한국문화에 대해 사람들이 어떤 인식을 하는지, 어떤 단어를 가장 많이 쓰는지 혹은 그들의 텍스트가 한국문화에 긍정적인지 부정적인지 알기 위해 조사를 설계하고 실제 데이터를 수집하고 분석한다. 물론 한계도 많다. 여러 언어를 다 다룰 수 없다는 점, 모든 분야를 한 번에 다 살필 수 없다는 점, 합법적이면서 안정적으로 수집할 수 있는 채널 선정 방식의 불안정성 등 매 순간 조사의 돌발변수가 생기기도 한다. 그럼에도 문화교류를 주선하는 다음 만남의 성공률을 높이기 위해서, 과학적 접근을 통해서 현상을 가능한 한 최대한 명확하게 이해하는 원칙은 언제나 강조해도 부족하지 않은, 꼭 필요한 공부라고 할 수 있다.

그런 의미에서 미래의 문화교류 기획자를 꿈꾸는 우리 청소년에게도 하고 싶은 말이 있다. 문화교류 기획자는 꼭 특정 전공이나 공부를 해야만 하는 영역은 아니다. 어떤 학업이든 전공이든 상관없다. 국경을 넘나들며 사람을 만나고, 기존엔 없던 일을 만들어 가는 것에 관심과 열정, 그리고 이를 위한 끝없는 노력만 있으면 된다. 무엇보다도 매 순간 좋아하는 분야와 공부를 선택해 최선을 다하는 마음이 이 일에 가장 중요하다고 말하고 싶다.

1. 가장 비판적인 질문을 한다.

자신의 아이디어는 객관적으로 평가하기가 어렵다. 내가 원하는 정보 중심으로 수집하고 논리를 구성하기 쉽기 때문이다. 그렇다면 내 아이디어를 가장 반대할 만한 이들의 시각에서 그 누구보다도 가장 비판적으로 질문을 던져보자. 이 아이디어가 현실적으로 실현 가능한가? 내가 생각하지 못했던 돌발상황이나 리스크는 없는가? 이 기획을 원하는 사람들이 있는가? 일부 제한적인 사람들에게만 좋은 기획은 아닌가? 이런 질문에 대한 답을 찾아가는 과정에서 한층 더 성숙하고 견고한 계획이 완성될 것이다.

2. 새로운 것을 꼭 넣는다.

기획은 제2의 창작이다. 나에게 숙제로 주어진 '문제'를 '해결'하기 위해 '창의적인 방법'을 찾아가기 때문이다. 그러므로 기획할 때 두려워해야 하는 것 중 하나는 표절이어야 한다. 많은 사례를 보고 배우는 것은 정말 중요하다. 그중 좋은 사례를 따라 하는 것이 쉬울 것 같지만 그 사례를 만들어 온 기획자의 구체적인 해결 방법은 오히려 쉽게 알기 어렵다. 따라서 좋은 사례를 통해 배운 것에 무언가 꼭 새로운 나만의 해결 공식을 만들어 가는 연습이 필요하다. 그 새로움이 아주 거창할 필요는 없다. 아울러 예술가와 협력자를 존중하는 나만의 원칙과 방법도 중요하다.

3. 기획의 주인공을 기억한다.

기획자는 만남을 주선하는 사람이다. 그 만남의 주인공이 아니다. 소개팅에서 선남선녀를 소개한 후에 주선자가 빠지면 비로소 러브스토리가 시작되는 것과 같다. 기획자가 주목받고자 할 때 그 기획의 주인공은 사라진다. 기획자는 철저히 만남을 주선하는 사람, 만남을 돕는 사람에

그치는 것이 좋다. 기획의 주인공인 예술가와 관객에 집중하고 양쪽 모두 만족하는 기획을 위해 끊임없이 비판적으로 질문하고 창의적인 해결 방법을 찾아가야 한다. 내가 이어 준 양쪽이 좋은 결실을 맺고 만남의 주선을 감사한다면 그보다 더 큰 보람과 축하는 없다.

4. 내가 없어도 이 기획은 계속되게 한다.

기획자 한 사람의 역량으로만 움직이는 기획은 기획자 한 사람 때문에 망쳐질 수도 있다. 기획자가 없어도 프로젝트에 함께하는 모든 사람이 같은 비전 안에서 책임감을 가지고 각자의 역할을 해 나간다면 그 기획은 성공한 것이나 다름없다. 그렇게 완성된 기획의 결과물은 스스로 성장하고 진화하며 또 다른 성과를 만들어 간다. 그렇다면 함께할 좋은 사람을 만나는 것이 가장 중요한데 그 방법은? 따로 없다. 그냥 열심히 부지런히 많은 사람을 만나 봐야 함께할 사람을 찾을 수 있다.

5. 과학적으로 접근한다.

기획의 필요성을 고민할 때 근거와 논리가 탄탄해야 기획의 목적이 분명해진다. 내 기획이 왜 필요한지 설명할 때 과학적 접근을 하도록 노력해 보자. 현재 상태를 명확하게 파악해야 문제점을 발견하고 그에 대한 해결책을 제시할 수 있다. 즉, 가장 중요한 것은 먼저 '현재 상태'를 명확하게 이해하는 일이다. 현재 상태를 파악하기 위해서 주변 사람의

견해나 전문가의 의견을 구할 수도 있겠지만, 공식 통계는 없는지, 구체적인 해외 사례는 어떠한지, 사람들의 의견이 실제로 맞는지 모두가 끄덕일 수 있는 과학적인 근거와 논리를 찾아보자. 그래야 비판적 질문을 할 수 있게 된다.

문화적 잠재력을 극대화하면
생기는 일

◉ 에든버러페스티벌(Edinburgh Festivals) 스코틀랜드 에든버러

우리나라에서는 에든버러페스티벌프린지(Edinburgh Festival Fringe)를 지칭하는 것으로 많이 알려졌지만, 스코틀랜드 에든버러에서 매년 개최되는 여러 문화예술축제의 총칭이다. 그중 가장 처음 시작된 축제는 에든버러국제페스티벌(Edinburgh International Festival)이다. 1947년 2차세계대전 이후 전쟁의 상흔을 씻어 내고 에든버러를 '유럽의 문화휴양지'라는 새로운 브랜드로 자리매김하기 위해 기획됐다. 같은 해 이 행사에 공식초청을 받지 못한 극단들이 자발적으로 소규모 극장에서 공연을 올렸는데, 이것이 바로 우리가 잘 알고 있는 에든버러페스티벌프린지의 시작이다.

내가 경험한 에든버러축제들은 최소 3~4년 전에 주요 기획과 주제를 잡아가기 시작한다. 예산부터 최종 의사결정까지 몇 개월 안에 축제를 운영하는 우리나라의 구조적인 한계를 생각하면 에든버러시의 각 축

에든버러페스티벌프린지   〈청춘의 십자로〉 공연

제사무국이 얼마나 충실하고 체계적으로 준비하는지를 상징적으로 보여준다. 이러한 축제를 하나로 엮어 에든버러를 축제의 도시로 브랜딩한 에든버러시의 여러 공공기관 협력자 역시 축제 각자의 특징과 자율을 존중했기에 이런 변화가 가능했다고 생각한다. 이제 에든버러시는 매년 3,000개 이상의 이벤트와 25,000명 이상의 예술가를 만나기 위해 70여 개국의 관객 450만여 명이 찾는 세계에서 가장 유명한 축제도시가 됐다.

스코틀랜드의 작은 도시가 문화예술축제를 중심으로 1인당 국내총생산 58,000달러를 기록한다는 것은 우리나라 지역문화예술 진흥에 커다란 시사점을 준다.

◉ 〈여우락페스티벌 ― 여기 우리 음악이 있다〉 국립극장

'여기 우리 음악(樂)이 있다'라는 뜻의 여우락페스티벌은 2010년 국립극장에서 시작한 한국을 대표하는 국악(우리 음악)축제다. 지금까지 약

6만 3000명의 관객이 여우락을 찾았으며, 해를 거듭할수록 창의적이고 실험적인 우리 음악을 만날 수 있는 축제로 자리매김하고 있다. 매년 7월, 강력하고 새로운 라인업과 주제로 관객을 만나는 여우락은 우리 한국음악 공연도 입장권이 매진되는 사례가 지속될 수 있는 저력을 보여 준 기획의 승리라고 생각한다. 잘 알지 못해 만나기 어려웠던 힙한 우리 음악이 새로운 공연을 기다리던 관객을 만나게 된, 정말 좋은 만남의 주선이라고 생각한다.

◉ 〈청춘의 십자로〉, 문화역서울 284(구서울역사) 공연 한국영상자료원, 2012년

〈청춘의 십자로〉는 안종화 감독의 1934년 작으로, 현존하는 가장 오래된 한국 무성영화다. 순수 국내 기술진으로 제작된 이 영화는 한국영화가 무성에서 유성으로 넘어가던 시기, 최고조에 이르렀던 무성영화 기술을 보여 주는 작품이다. 오랫동안 소실되어 문헌상으로만 알려졌다가, 2007년 단성사를 운영했던 개인 소장가가 한국영상자료원에 네거티브 필름을 제공했다. 이후 복원 작업을 거쳐 2008년에 모은영 프로그래머 기획, 김태용 감독의 연출과 재편집으로 변사, 라이브 밴드 연주, 배우의 노래를 종합한 복합공연으로 재탄생했다.

〈청춘의 십자로〉 공연은 활극과 멜로, 신파와 코미디까지 다양한 장르가 녹아 있는 이 재미있는 영화를 통해 1930년대 당시 관람문화를 현대적으로 재해석한다는 기획이다. 기본적인 줄거리만이 남아 있는 상태

에서 변사 대본에서부터 음악, 무대까지 모든 내용을 2008년 관객들의 눈높이에 맞춰 새롭게 제작했다.

2012년 2월 원본 영화는 문화재로 등록되었다. 그냥 잘 보존할 생각만 했다면 문화재로 박물관에 소장되었을 필름이 좋은 기획자를 만나 공연으로 재탄생하고, 한국뿐 아니라 해외 관객과도 지속적으로 만날 수 있게 된 것이다.

이 역시 기획이 만들어 낸 만남의 기회라고 생각한다. 개인적으로는 2011년 주영한국문화원에서 근무할 때 런던템스페스티벌에 초청하며 〈청춘의 십자로〉를 직접 접했는데, 영국 관객에게도 큰 사랑을 받았던 공연으로 기억한다.

특히 2012년 '문화역서울 284'에서 진행된 공연은 이 영화의 중요한 배경이자 영화 속 남녀 주인공의 감정과 심리가 상징적으로 묘사되는 공간인 구서울역사에서 개최된다는 점에서 매우 특별한 의미가 있다. 문화역서울 284는 1925년 경성역으로 처음 활용되었으나, 2004년 고속철도 개통과 신 서울역사의 준공으로 한동안 방치되었다. 그런데 문화관광부에서 준공 당시의 모습으로 원형을 복원하여 역사적, 공간적 잠재력을 극대화한 복합문화공간으로 재탄생시켜, 2012년에 '문화역서울 284'로 공식적으로 개관한 공간이다.

인터넷 우주에서 기획의 세계로

웹콘텐츠 기획

: 이지숙 :

사람과 사람의 마음이 궁금해서 대학에서는 심리학과 문헌정보학을, 대학원에서는 문헌정보학을 전공했다. 석사 졸업을 앞둔 여름에 NHN에 입사했다. 미술검색을 시작으로 몇 개의 서비스를 거쳐, 지금은 블로그 서비스팀에서 블로그 서비스의 미래를 고민하고 있다.
전공도, 개인적인 취향도 진지한 주제와 무게감 있는 서비스가 잘 어울린다고 생각해 왔지만, 담당 업무가 예술에서 생활정보, UGC로 바뀌어 온 탓에, 점점 가벼운 정보와 포맷에 심취해 가는 중이다.

기획이란_
"꿈의 실현이다"

웹콘텐츠(서비스) 기획은 무엇일까? 꿈을 꾸는 일이라고 할 수 있다. 우리는 매일 인터넷에 접속한다. 웹콘텐츠 기획자의 일은 사용자가 필요로 하는 게 무엇인지 찾아서 만드는 것이다. 그 필요를 잘 포착해 좋은 결과물을 제공한다면 사용자에게는 꿈 같은 일이 된다. 기뻐하는 사용자의 모습을 보면서 기획자도 행복할 수 있다. 그래서 웹콘텐츠 기획은 꿈을 꾸고, 그 꿈을 현실로 만들어 내는 일이다. 기획자는 종종 기획을 설명하기 위해서 화면안을 그리는데, 많은 사람이 사용하는 콘텐츠를 만든다는 건 항상 설레는, 꿈 같은 일이다.

 # 인터넷 우주에서 기획의 세계로

인터넷 기업과의 첫 만남

　언제부터인가 회사에 갓 입사한 신입사원들에게 왜 네이버라는 회사를 선택했는지 물어본다. 대체로 그들은 "어려서부터 네이버를 쓰면서요"라는 말로 시작한다. 참 세대 차이가 느껴진다. 초등학교 때는 물론이고, 청소년 시절에도 인터넷이란 건 내 현실에는 존재하지 않았다. 인터넷이나 네트워크는 미래, 21세기, 정보화 같은 단어로 교과서 속에 있는 개념이었고, 다소 막연하게만 느껴졌다. 그래서 당시의 나는 인터넷 기업에서 일한다는 상상을 한 적이 없다.

소년소녀, 기획하라!

국내에 인터넷 포털 사이트가 생기고, 다양한 정보검색 서비스 등을 제공하며 인터넷이 우리 일상에 들어오기 시작한 무렵, 나는 대학생이 되었다. 그리고 문헌정보학과에서 정보검색을 이론적으로 접하게 되었다. 정보검색론 수업이었다. 문헌정보학과는 학술정보를 다루는데, 방대한 양의 학술정보를 효율적으로 찾아주기 위해 일찍부터 정보검색을 연구해 왔다.

그 수업 과제 하나가 지금까지도 기억에 남아 있다. 인터넷 검색엔진 몇 개를 평가하는 과제였다. 방법은 이렇다. 각자 세 가지 검색 키워드를 정하고, 그 키워드를 평가 대상 검색엔진에 똑같이 입력한다. 검색엔진별 1위~10위의 결과 문서 중에서 내가 원하는 내용의 문서가 몇 개인지를 기록한다.

평가 대상 검색엔진은 당시 많이 사용하던 것으로 수업 시간에 동료 학생들과 함께 정했다. 정확히 어떤 것이었는지 기억나지 않지만, 5개 이상이었다. 엔진별 결과가 비슷하기도 했고, 다르기도 했던 게 무척 흥미로웠던 기억이 있다. 맨 처음 이런 정보 도구를 만드는 일을 하고 싶다고 생각한 것은 그때쯤이 아니었나 싶다.

정보 관련 일에 대한 막연한 생각은 문헌정보학과 대학원에서 좀 더 구체화되었다. 처음 나를 매료시켰던 정보검색 이론을 더 많이 더 깊게 공부할 수 있었고, 당시 문과에서는 드물게 코딩도 배웠다. 그런 대학원 연구실 생활 중에 늘 비슷한 관심사를 가졌던 선배가 있었다. 수업이 끝나고 나면 비슷한 이론에 흥분해서 이야기를 나누곤 했다. 나보다 1년 먼저 졸업한 선배는 다른 회사의 검색 기획자로 취직했다. 그리고 1년쯤 뒤, 아직도 논문을 쓰고 있었는데 내게 기회가 찾아왔다. NHN에서 계약직 일자리를 얻은 것이다. 무슨 업무인지도 잘 몰랐지만, 정보학 전공자를 찾는다는 말에 지원했고, 다행히 합격했다. 그게 첫 인연이었다. 계약직으로 시작한 인연은 지금까지 이어져서 나는 여전히 인터넷 기업에서 일하고 있다.

어느 날 웹콘텐츠 기획자가 되었다

처음에는 웹콘텐츠(서비스) 기획보다는 사용자의 정보요구를 분석하거나 분류하는 일을 많이 했다. 내 전공과도 더 어울리는 일이다. 주제별로 사용자가 '이런 정보를 원한다'라는 주제의 보고서를 만드는 일도 했다. 사용자의 정보요구를 다양한 방법으로 수집하고, 낱낱이 쪼개고 분류하여 정리하는 일이었다. 정보요구가 꼭 검색창에 입력한 키워드에만 있는 것은 아니다. 키워드 입력 패턴이나, 검색결과에서 어떤 문서를 클릭했는지 등을 통해서도 정보요구가 표현된다. 네이버의 특성상, 지식iN 서비스를 이용하는 직접질문을 통해서도 표현될 수 있다. 그렇게 다양한 방식으로 드러난 정보요구를 수집하여 분류하고 분석하는 흥미로운 일이었다.

✚

소년소녀, 기획하라!

네이버 사옥 내 공간. 사옥 1층과 2층에 자리한 라이브러리는 디자인과 IT 분야 전문 도서관으로,
문헌정보학 전공자인 내게는 더욱 특별한 느낌의 공간이다. 사내 카페는 온라인 주문만 가능하다.

예를 들어 여행이라는 주제에 관한 보고서라면 이런 내용이다. '사용자들은 여행을 가려는 지역 명소를 00퍼센트 정도 검색하는데, 명소에 대한 설명과 사진, 이용시간뿐만 아니라 교통편과 주변 맛집 정보도 함께 필요하다.' 또는 '동선을 낭비하지 않도록 코스를 짜는 것을 중요하게 생각한다.'

엑셀에 아직 정리되지 않은 데이터가 가득하면, 거기서 무엇이 나올까 궁금하고 재미있던(사실 사용자 데이터는 다양한 사람의 모습이 담겨 있어서 재미있을 수밖에 없다) 시절이었다. 나는 늘 큰 발견을 하는 것 같아서 마냥 재미있게 일할 수 있었다.

몇 년이 지나 여행 서비스 팀 기획자가 되었을 때, 그때의 보고서가 떠올랐다. 당시의 담당 기획자에게 과연 그 보고서는 어떤 의미로 다가왔을까? 당시에는 다양한 방식으로 정보요구를 추출하여 데이터화해 보았는데, 이제는 그런 정보요구를 직접 접하고 어떻게 해결해 주어야 할 것인가를 고민하는 것이 내 일이 되었다.

웹서비스에서 살아 움직이는 그대로 사용자의 정보요구를 항상 접하는 사람이 바로 기획자다. 기획자, 특히 어떤 주제를 다루는 웹콘텐츠 기획자라면 그 주제에 관해서 많은 것을 알아 가게 된다. 미술 작품이라면 교과서에 나오는 유명한 그림만 알았던 나도 미술검색 서비스를 담당한 이후에는 갤러리 앞을 지나가다가 걸려 있는 그림을 보고 즐기게 되었다. 지금 내 집에는 그렇게 '지나

사용자가 어떻게 페이지에
접근하고 흐름을 이어갈지
그림으로 그려 본다.
다른 구성원들에게
프로젝트의 범위를 설명하기
위해서도 사용한다.

가다가' 우연히 보고 사게 된 그림 한 장이 걸려 있다. 대학생 때의 나는 미술관을 별로 좋아하지 않았다. 하지만 지금이라면 다르다. 런던의 미술관을 온종일 걸어 다녀도 될 정도로 흥미롭다.

역시 미술검색 담당자가 된 이후에 생긴 변화다. 특별히 따로 공부한 건 아니었는데 일하다가 그림을 보고, 관련 개념을 찾고 자주 접하다 보니 자연스럽게 미술 지식이 조금씩 생겨나고 그림을 좋아하게 되었다. 정보요구 분석을 하다가 맨 처음으로 웹콘텐츠 기획 업무에 투입되었던 일이 바로 내 삶을 풍부하게 만들어주는 미술검색이었기 때문이다.

이외에도 기획자로서 새로운 서비스를 오픈할 때의 기분을 잊을 수 없다. 이때 기획자 마음의 80퍼센트는 신기함과 기쁨이 차지한다. 내가 머릿속으로 상상했던 서비스가 정말 네이버에서 나온다는 게 신기하게 느껴진다. 나머지 20퍼센트는 정리되지 않은 마음이 차지한다. 처음 하는 서비스 기획 업무가 갑작스럽고 커서 일은 어떻게든 완료했지만, 마음은 다 감당해 내지 못한 그런 상태 말이다.

10년 이상 흐른 지금, 여전히 나는 웹콘텐츠 기획자로 일하고 있다. 때로는 점점 더 빠르게 변하는 인터넷 세상, 점점 더 빠른 변화와 대응을 요구하는 일이 벅찰 때가 있다. 변화하는 환경에 대한 무조건 빠른 대응과 적용에 대한 욕심 말고 우리에게는 조금 더 천천히 생각할 시간 또한 필요한 것은 아닐까.

이렇게 어쩌다 회의적인 생각이 들더라도 결국 항상 기획자의 마음에 남는 것은 사용자들이다. 우연히 봤다며 친구가 공유해 준 우리 웹콘텐츠와 서비스에 대한 칭찬 글, 가까운 사람이 사용자라는 것을 뒤늦게 알게 될 때의 반짝이는 순간은 우리 기획자들을 실로 짜릿하게 한다. 그런 맛에 웹콘텐츠 기획을 계속할 수 있다. 서비스는 일상의 새로운 창조이니까.

기획의 시작과 종료는 네버엔딩

청소년 여러분은 웹콘텐츠 기획을 한다면 무엇을 제일 먼저 만들고 싶을까? 한번 곰곰이 생각해 보라. 웹콘텐츠 기획이라고 할 때 대부분은 새로운 콘텐츠나 서비스를 만드는 일을 생각한다. 예를 들어, 네이버 오디오클립이나 지식iN, 엑스퍼트처럼 이전에는 존재하지 않았던 기능과 목적을 가진 새로운 영역을 만드는 일 말이다. 마치 하얀 도화지 위에 새롭게 그림을 그리는 것처럼, 자유롭게 기획자의 창의성을 발휘해 볼 수 있는 일이기도 하다. 하지만 그만큼 핵심 콘셉트가 명확해야 한다.

새로운 서비스를 오픈한다는 것은 사실 자주 일어나는 일은 아니다. 그보다 인터넷 기업에서는 이미 존재하는 서비스가 잘 돌아가도록 하는 데 필요한 일이 더 많다. 실제로 내가 그동안 해 온

일도 새로운 서비스의 개시보다는 개선이 대부분이다.

반면에 어떤 웹콘텐츠의 서비스가 끝날 때는 어떻게 될까? 실은 하나의 서비스를 종료할 때도 서비스 기획이 있다. 종료를 어떻게 할 것인가, 종료공지는 언제 어떻게 할 것인가, 사용자에게 백업할 데이터는 없는가, 있다면 백업은 언제 어떻게 해 주는가. 이런 후속 과제를 계획하여 서비스 종료 다음에 문제가 없도록 하는 게 서비스 종료에 대한 서비스 기획이다. 요즘 청소년들은 온라인 게임을 많이 해서 이런 요구나 필요에 대한 지식 역시 상당하리라 생각한다.

한참 전 일이다. 당시 네이버에서 운영하던 서비스가 연이어 비판의 타깃이 되었는데, 그런 분위기 속에서 몇 개 서비스를 종료했다. 여행 정보 서비스인 윙버스와 맛집 정보 서비스 윙스푼도 그중 하나였는데, 우리 팀에서 담당하던 업무였다. 그 서비스를 좋아하던 사용자의 한 사람으로서 아쉬웠고, 서비스를 고민하면서 고생한 사람들의 얼굴도 떠올라 더 안타까웠다. 하지만 회사의 전략적 결정은 어찌할 수 없다. 그리고 기획자의 과제는 여기서 다시 시작된다.

한 서비스를 종료한다는 것이 기능이나 데이터 종료를 의미하는 것은 아니다. 종료 서비스에서 제공하던 데이터는 각각 어울리는 다른 서비스로 이관하고, 사용자가 직접 올린 사진 등은 종

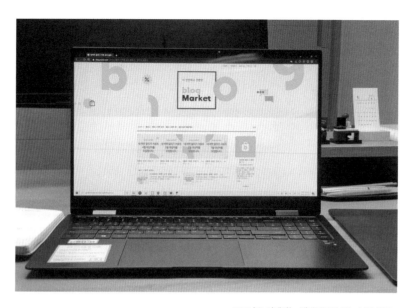

코로나19 시대에는 재택근무를 하는 날이 많다.
먼저 사내 시스템에 접속하고, 지금 담당하는 서비스인 블로그 페이지를 열면서 하루를 시작한다.

2021년 말 이달의 블로그 선정자 굿즈로 제작한 블로거 피겨.
브랜드 굿즈를 만들어 사용자에게 보내고 나면 설레는 마음으로 사용자 후기를 기다린다.

료 후 본인이 다운로드할 수 있도록 백업 페이지를 제공하게 된다.

벌써 6~7년이나 지난 일이지만, 하나의 서비스를 종료해 본 것은 그때가 처음이자 마지막이었다. 서비스 종료는, 어쩌면 신규 서비스 오픈보다 더 경험하기 어려운 일이다. 그런 측면에서 또 하나의 소중한 경험일 수도 있다. 그 과정에서 "서비스가 종료되었습니다"라는 메시지만 덩그러니 남은 종료 페이지를 다시는 준비하지 말아야겠다는, 웹콘텐츠와 서비스에 대한 책임감을 새삼스레 느꼈다. 그래서 한동안 내 스마트폰에서 종료 페이지밖에 나오지 않는 그 앱을 지우지 못했다. 이렇듯 인터넷 웹콘텐츠 기획자로 산다는 것은 처음과 마지막의 모든 과정을 검토하는 일이기도 하다.

기획서 재활용의 의미

가끔 2~3년 전의 기획서를 꺼낼 때가 있다. 재미있는 건 그 주제가 늘 비슷해서, 같은 문서를 다시 꺼내 히스토리를 살펴보거나 누군가에게 전달하게 된다는 점이다. 이런 일이 일어나는 것은 일단 기획서를 작성했지만 실행에 옮기지 못했다는 것이고, 다시 또 비슷한 지시가 내려왔다는 것이다. 가장 기억에 남는 기획서는 '유료화' 관련 문제였다. 몇 년 동안 유료화 방법에 관련하여 늘 비슷한 사람들과 이렇게 하면 어떨까, 저렇게 하면 어떨까, 답 없는 논의를 하던 기억이 있다.

처음 논의하던 때로부터 몇 년이 지나서 다시 그 기획서를 꺼내 들던 때였다. 답답한 마음에 디지털 콘텐츠 유료화에 관한 연구를 찾아봤다. 해외에서는 각종 뉴스 서비스 등이 유료화했다는 소식을 접했지만, 도무지 우리나라에서는 일부 시도 외에는 성공적인 오픈 사례를 들어본 것 같지 않아서였다.

이것저것 찾아본 연구의 결론은 '아직 국내 유료화 성공 사례는 없다'였다. 물론 인터넷 세상은 늘 빠르게 변화하고 있고 그 이후로 정말 많은 시도가 있었다. 가능할까 싶었던 유료 회원 모델도 이제는 다양한 서비스에서 잘 동작한다. 네이버에서도 최근 유료 콘텐츠 구독 서비스를 오픈했고, 유료 뉴스레터를 구독하는 사람들도 쉽게 찾아볼 수 있다. 어쩌면 가치 있는 디지털 콘텐츠에 대가를 지불하는 것이 당연한 일이 되는 날도 멀지 않았으리라 생각한다. 또 그렇게 된다면 왜 그런 필요가 생겼는지 돌아보는 것도 흥미로울 것이다. 변화는 우리의 삶과 세계를 반영하기 때문이다.

인터넷 서비스 기획자의 본질과 마음

한번은 외국에는 웹서비스 기획자라는 용어가 없다는 말을 들은 적이 있다. 이와 관련한 경험도 있다. 몇 년 전 런던에 갔을 때였다. 입국심사대에서 내 직업을 물었다. "나는 IT 회사에 다니고 있다"라고 하니 "거기서 무슨 일을 하나?"라고 물었다. '서비스 기획'을 영어로 바꾸면 'service planning'인데, 제대로 내 설명이 통하지는 않았던 것 같다. 프로젝트 매니징과 서비스 유지 관리를 덧붙여서 설명했는데, 입국장을 나오면서 '아, 그냥 프로젝트 매니저라고 할 걸 그랬나?' 생각했다. 정말 웹서비스 기획자는 우리나라에만 있는 일인 걸까?

그만큼 인터넷 서비스 기획자라는 일은 딱히 정의되지 않는다. 또한 어디까지가 우리의 일이라 선을 그어 정하기도 어렵다. 필요하다면 마케터가 되기도 하고 제휴 담당자가 될 때도 있다. 늘 인터넷 업무에 익숙하지만, 드물게 오프라인 행사를 열거나 다른 행사장을 찾아 우리 서비스를 설명하고 다닌 적도 있다. 기념품 제작이나 1년에 몇 번 진행하는 이벤트도, 연말마다 만드는 기념품 제작도 기획팀 업무의 일부가 되었다. 하지만 이런 일은 기획자의 다른 업무이지, 기획 업무를 구성하는 건 아니다. 그런데도 이 일까지 하는 것은 기획 자체가 많은 영역을 포괄하는 성격을 가지기 때문이다.

왜 기획자가 굳이 다른 일까지 만들어서 하는지 굳이 묻는 사람은 아무도 없다. 기획자가 서비스를 더 사랑해서일까? 개발자도 디자이너도 모두 서비스를 사랑한다. 하지만 누구보다도 기획자는 가장 가까이에서 사용자를 생생하게 만나는 사람들이다. 사용자의 필요를 듣고 가장 빨리 알고, 해결해 주려는 마음이 기획자의 마음이기도 하다.

최근 들어 인터넷 기술은 매년 크게 발전해, 몇 년 전에는 상상하기조차 어려웠던 일이 우리 손끝에서 벌어지는 것을 본다. 아이폰이 등장하여 세계를 놀라게 만든 게 불과 10년 남짓인데, 이제는 메타버스가 우리를 새로운 세계로 불러들이고 있다. 기술이 발전함에 따라 서비스 형태도 함께 변화해 가지만, 그래도 기획의 본질은 변하지 않는다. 바로 사용자의 요구를 듣는다는 것 말이다.

인터넷은 앞으로의 세상을 또다시 바꾸어 나갈 것이다. 이 세상은 어떻게 변화하고, 어디까지 확장될까? 우리의 생각으로는 닿을 수 없는 놀랍고 독창적인 세상이 청소년 여러분의 상상 속에서 어쩌면 지금 자라고 있을지도 모르겠다. 그 상상의 세계를 더 나은 현실로 만들고 싶지 않은가?

이 책을 읽는 청소년이 새로운 인터넷 콘텐츠의 기획자가 되어 진정 인간을 위한 놀라운 세계를 우리 눈앞에 펼쳐 가기를 꿈꾸어 본다. 인간을 위한 더 나은 기술을 바라는 마음에서다.

나만의 기획 법칙

1. 사용자의 마음의 소리를 들어요.

기획의 시작은 사용자 데이터다. 모든 것의 시작은 데이터다. 기획의 시작도 데이터다. 달리 표현한다면 사용자의 행동과 요구를 말한다.

사용자 데이터를 모으는 방법은 다양하다. 내 경우는 우선 사내 서비스의 사용자 통계부터 확인하지만, 사내 서비스에서 확인할 수 없는 데이터는 앱애니(App Annie, https://www.appannie.com/kr)나 코리안클릭(Nielsen Koreanclick, http://www.koreanclick.com) 등 외부 통계 서비스를 이용한다. 통계 자료로 나와 있지 않은 데이터는 뉴스 기사를 검색해서 유사한 데이터를 찾는 경우도 있다. 통계 데이터로 충분한 자료를 얻을 수 없을 때는 표적 사용자에게 간단한 설문을 요청하거나 솔직한 의견을 줄 수 있는 사용자를 만나 인터뷰를 진행한다.

2. 현실감을 잃지 않는다.

사용자에게 쉽게 받아들여질 수 있느냐, 즉 흥행에 성공할 수 있느냐의 문제를 고려해야 한다. 정보제공을 위한 서비스라면, 정말 사람들에게 필요한 정보인지, 계속해서 수급이 가능한지를 생각해야 하고, 플랫폼 서비스라면 누가 왜 여기 와서 놀 것인지 생각해야 한다.

몇 년간 콘텐츠 유료화 과제가 풀지 못한 숙제였던 것은 현실적으로 불가능해 보였기 때문이었다. 기능적으로는 다양한 옵션이 있었지만, 그 기능을 조합하여 서비스에 적용한다고 하더라도 현실적으로 유료 콘텐츠를 구매할 사람이 없을 것 같았다.

문제는 어떤 과제에 대해 깊이 고민하다 보면, 냉정한 시각을 잃을 수 있다는 것이다. 유사한 기능의 서비스를 찾아, 사용자에게 환영받은 포인트가 무엇인지 잘 살펴보고 데이터 분석 결과에 더해 보면 좋다. 같이 서비스를 고민하는 팀원들과 의견을 나누는 것도 도움이 될 것이다.

3. 트렌드에 민감해지자.

인터넷 세상은 매우 빠르게 변화한다. 늘 새로운 콘텐츠나 서비스가 출시되고, 세계적으로 인기를 끄는 신형 서비스에 관한 기사 역시 종종 접한다. 아마 소식의 최전선에 있는 사람은 청소년이 아닐까? 앱의 유행은 젊은 세대로부터 시작한다.

그래서 서비스 담당자는 인터넷 서비스 트렌드를 놓치지 않으려고 다양한 서비스를 경험해 보려고 한다. 같은 세대의 서비스는 굳이 노력해서 찾아보지 않아도 되지만, 청소년이나 학생에게 인기 있는 서비스를 알기는 쉽지 않다. "요즘 10대는 이걸 쓴다" 하고 화제가 되는 서비스는 가입해 사용해 보고 분석 내용을 공유하기도 한다. 점점 인터넷과 스마트폰에서 제공하는 서비스의 영역이 넓어지고 국경이 의미가 없어진 인터넷 세계이니, 이것저것 시도해 봐야 할 것도 참 많아졌다. 해외 유명 서비스에서 새롭게 오픈한 기능이나 도구에도 관심을 기울이고 찾아보는 건 물론이다. 평소에 이렇게 새로운 서비스를 접하고 사용하다 보면 자연스럽게 마음에 남는 것이 생기게 된다. 그런 것이 쌓여 나만의 새로운 아이디어와 기획안으로 탄생한다.

왜 어떤 서비스는
사랑받을 수밖에 없을까?

◉ 대상과 목적이 분명한 토스증권 앱 2021년 출시

아직 토스증권 서비스가 오픈하기 전의 일이었다. 비바 리퍼블리카(Viva Republica, 토스 서비스의 개발사)로 이직한 사람과 통화하는데 이렇게 말했다. "토스증권 서비스가 나올 건데, 진짜 쉽게 나올 겁니다." 주린이인 나는 대답했다. "안 믿어요. 증권 서비스가 쉬울 수는 없어요."

그리고 얼마 후 토스증권 서비스가 오픈했다길래 들어가 보고 정말 깜짝 놀랐다. 증권 거래 앱을 몇 개 설치해 보았는데, 증권 거래에서 '매수' 대신 '구매'를, '매도' 대신 '판매'라는 단어를 사용한 토스증권 같은 서비스는 본 적이 없었다. 주변 사람들에게 토스증권 앱을 소개하기 시작했다. 처음에는 의심하는 눈으로 나를 보다가, 다들 깜짝 놀랐다.

기능 추가는 쉬운 결정이어도, 다른 모든 증권 서비스에서 제공하는 기능을 없앤다는 건 쉽지 않은 결정이다. 그래서 토스증권 서비스의 단순한 기능과 쉬운 레이블링은 정말 토스답다.

이런 서비스가 존재한다는 것 자체가 충격이다. 구글 아트 앤 컬처는 2011년 구글 아트 프로젝트(Google Art Project)라는 이름으로 처음 탄생했다. 오픈 소식이 처음 알려졌을 때의 충격이 아직 기억난다. 첫 화면에서 빈센트 반 고흐의 〈별이 빛나는 밤〉을 붓 터치까지 확대해서 보여 주었던 이미지, 그렇게까지 작품을 확대해서 볼 수 있게 하려고 작품을 어떻게 촬영했는지 설명하던 사진 한 장이 가장 깊이 기억에 남아 있다. 물론 엄청나게 확대해서 볼 수 있다는 게 구글 아트 프로젝트의 유일한 장점은 아니었다. 웹상에서 미술관 관람실을 걸어 다니듯이 좌우로 움직이며 그림이 걸려 있는 모습을 볼 수 있다는 것도 충격적이었다.

지금은 분위기가 달라졌지만, 내 어린 시절에는 미술관, 박물관에서 작품 사진을 찍어서는 안 된다고 제지했다. 그런데 이제는 스트리트 뷰로 해외 미술관을 마음대로 볼 수 있다는 것이 놀라웠다. 당시 오픈한 지 2년 정도 된 네이버 미술검색에서도 상당한 고화질 이미지를 이용해 작품을 확대해 볼 수 있는 기능을 제공하고 있었는데, 차원이 다른 화질이었다는 점에서 상당한 놀라움이기도 했다.

최근 이 서비스를 다시 찾아보았는데, 모바일 앱에서 증강현실 기능을 적용한 것도 보았다. 어떤 작품의 실제 크기가 어느 정도인지, 내 방 벽에 걸어 보고 느낄 수 있는 기능인데, 주제와 기술에 딱 적절한 기능이 아니었나 싶다. 웹이나 책에서 이미지로 접하던 그림을 실제 미술관에 가서 보았을 때, 가끔 그 크기를 보고 너무 커서 또는 너무 작아서 놀랄 때가 있지 않은가. 증강현실에서 실물 크기를 보고 놀라는 시절이 도래한 것인가 생각한다.

◉ 아침을 디자인해 주는 루티너리 앱 2020년 출시

최근 1020 사이에서 '좋은 습관 만들기'가 제법 유행하고 있다. '챌린지'라는 이름으로 매일 목표한 일을 서로 사진으로 인증하고 격려하면서 습관을 만드는 개념이다. 이를 기능으로 만든 앱에서는 실패했을 때 벌금이, 성공했을 때 상금이 있기 때문에 매우 강력한 효과가 있다고 한다. 유사한 형태로 각종 브랜드에서 챌린지가 유행처럼 등장하고 있는데, 늘 성공에 보상이 걸려 있다는 데 조금 반감이 들었다.

좀 더 순수하게 습관을 만드는 건 힘들까, 생각하던 차에 최근 찾은 것이 루티너리라는 습관 관리 앱이다. 개념은 좀 다르다. 챌린지는 도전적이어서 '아침에 일찍 일어나도록 만들어 줄게!'이지만, 루티너리는 '너의 아침을 디자인해 줄게' 쪽이다.

예를 들어, 아침에 일어나서 할 일을 순서대로 시간과 함께 등록하는 것으로 시작한다. 일반적인 아침 습관이 이미 등록되어 있어, 내 스타일의 아침대로 선택하면 된다. 루틴을 시작하면, 소요 시간을 알려 주고 바로바로 다음 일을 하게 만드는 게 이 앱의 장점이다. 며칠 따라 하다 보면 어느새 나의 아침이 내가 디자인한 대로 바뀌는 걸 볼 수 있다.

습관을 만드는 루티너리 앱

⦿ 콘텐츠가 좋아 계속 쓰게 되는 나이키 런 클럽 앱 2010년 출시

우리나라에서 1년에 마라톤대회가 얼마나 많이 열리는지 알고 있는가? 달리기하기에 좋은 봄가을이면 주말마다 전국 각지에서 다양한 기관이 주최하는 마라톤대회가 열린다. 스포츠 브랜드들도 마라톤대회를 여는데, 요즘은 달리기가 인기라서 마라톤 신청을 하는 게 쉽지 않다.

온라인 운동 클래스부터 센서가 달린 실내사이클, 데이터 분석 앱 등 최신 기술을 이용한 다양한 운동 서비스가 있다. 하지만 달리기만큼 좋은 운동이 없다. 특별한 장소도 필요 없고, 장비가 필요하지도 않다.

가장 단순한 기능을 가진 러닝 앱이 없어도 달리기는 얼마든지 가능하지만, 내 운동을 기록한다는 의미와 기록과 함께 사진으로 남겨 자랑할 수 있다는 게 러닝 앱의 장점이다. 나이키 런 클럽 앱은 이에 더해 엄청나게 많은 오디오 가이드 콘텐츠가 있다. (영어 가이드도 괜찮다는 전제하에) 나처럼 혼자 달리기하러 나가는 일이 많은 사람에게 특히 유용하다.

✜

소년소녀, 기획하라!

내 운동을 기록하는 나이키 런 클럽 앱

이제 그만 뒤로 돌아서 집으로 갈까? 생각할 때 누구나 이쯤에서 힘들다면서 목표를 향해 더 달리게 만들고, 이런저런 가이드를 따라 운동하다 보면, 내 달리기 실력이 어느새 늘었다는 걸 깨닫게 된다. 그리고 목표만큼 모두 달리고 나서 종료를 눌렀을 때 수고했다는 한마디, '어제보다 더 나은 러너'라는 칭찬은 다른 어떤 기능보다 중독적이다.

사진 저작권